Marriages Records
of
Copiah County, Mississippi

1844-1859

By:
Mary E. Thomas

This volume was reproduced from
an edition located in the
Publisher's private library,
Greenville, South Carolina

All rights reserved. No part of this publication
may be reproduced, stored in a retrieval system,
transmitted in any form, posted on to the web
in any form or by any means without the
prior written permission of the publisher.

Please direct all correspondence and orders to:

www.southernhistoricalpress.com
or
SOUTHERN HISTORICAL PRESS, Inc.
PO BOX 1267
375 West Broad Street
Greenville, SC   29601
southernhistoricalpress@gmail.com

Originally published: Crystal Springs, MS.
Reprinted by: Southern Historical Press, Inc.
Greenville, SC 2017
ISBN #0-89308-660-6
All rights Reserved.
Printed in the United States of America

FOREWORD

This volume which I have compiled of Marriage Records of Copiah County, Mississippi covers the years 1844-1859 and is a follow up to that volume which was published in 1958 by Mrs. R. C. Upton, Madison, Mississippi covering the years 1823-1843 for marriages of the same area; with Mrs. Upton's permission I am using most of the foreword from her publication.

Copiah County was created on January 23, 1823 and is located somewhat southwesterly from the center of the state. The New Purchase acquired from the Choctaw Indians in October 1820 had been erected into the large county of Hinds, and in January 1823 it was deemed wise to create out of its extensive area the Counties of Copiah and Yazoo. The name Copiah is an Indian word signifying "calling panther".

The original Act defines the limits of Copiah County as follows: Beginning on the eastern boundary line of Claiborne County, where the southern boundary line of Township three strikes the same; thence east along said line to the Choctaw boundary line; thence southwardly with the same to the northern boundary of Covington County; thence westwardly along the old Choctaw boundary line to the Southwest corner of the same; thence northwardly with the old Choctaw boundary to the beginning. A study of your map will reveal this description to cover the present counties of Copiah and Simpson. In 1824 the area was divided, Pearl River being the line of separation and that area East of the river becoming Simpson County.

Coor's Springs, about five miles east of Hazlehurst, was the first seat of justice and Barnabas Allen was the first Probate Judge. Gallatin became the seat of justice from 1824 to 1872, and then the county seat was moved to Hazlehurst; It is said that during the move from Gallatin to Hazlehurst the record book containing marriages from the latter part of 1832 to the middle part of 1835 was lost. At any rate, the marriage records for this period are not available.

Some of the pioneer settlers of Copiah County will be found in the following list of county officers for the year 1823: Barnabas Allen, Judge of Probate, resigned; John Coon, Associate Justice, did not accept; Lewis Parker, John Sandifer, Associate Justices; Robert Middleton, William Thompson, James B. Satterfield, Duncan McLauren, Robert C. Blount, Wm. N. Miller, Wm. S. Byrd, Justices of the Peace; John Coon, Assessor and Collector; John Coon, Sheriff; Reading Sessums, Coroner; Jacob Haley, Ranger, John Watts, Treasurer; John H. Wilson, Sheriff; John

Rhymes, Coroner; John McLeod, Surveyor.

    To the custodians of marriage records, Circuit Clerk Mr. Bryan Crews and Deputy Clerk Mrs. Mildred Ferguson, my very great appreciation is extended for their courtesy and cooperation during compilation of this material. I also express my gratitude to Mrs. Katherine P. Barron for typing this work.

    In this volume the apparent variance in spelling is evident, and the reader's interpretation is as good as the compiler's.

                              Mary E. Thomas
                                  June 1971

Compiled
   by
      (Miss) Mary E. Thomas
         277 S. Jackson St.
            Crystal Springs, Miss.

MARRIAGE RECORDS - COPIAH COUNTY, MISSISSIPPI
BOOK "B" BEGINNING PAGE 167 1844- 1850

PAGE NO. GROOM and BRIDE   BONDSMAN   DATE

167. Thomas A. Gustavus and Nancy F. Goza   Jan. 10, 1844
           James W. Goza, Bondsman
           J.W. Buller, J. P.

168. James Bailey and Cynthia Foster   Jan. 10, 1844
           Isaac Foster, Bondsman
           Uriah Harviston, M.G.

169. William Miller and Martha Slay   Jan. 25, 1844
           Warren W. Miller, Bondsman
           Samuel Thigpen

170. John Cliver and Mrs. Catherine Walker   no return
                                 issued Jan. 20, 1844
           Morris Cook, Bondsman

171. John C. Womack and Charlotte Windham   Feb. 6, 1844
           J.P. Hudson, Bondsman
           Wm. Haley, J. P.

172. Nicholas Smith and Malinda Smith   Jan. 25, 1844
           Jerry Smith, Bondsman

173. John A. Sistrunk and Alley Sistrunk   Feb. 3, 1844
           Daniel Tyler, Bondsman
           Josiah Sandifer, M. G.

174. Thomas D.C. Patterson and Olive Breland   Jan. 30, 1844
           William Matheny, Bondsman
           T.W. Hamilton, J. P.

175. Harvey Furr and Malona Newton   Feb. 1, 1844
           Everitt Furr, Bondsman
           Uriah Harviston, M.G.

176. Robert W. Tucker and Harriet Scott   no return
                                 issued Feb. 3, 1844
           W. W. Cook, Bondsman

177. William R. Smith and Pamelia Ann McIntosh Feb. 4, 1844
           Morris Cook, Bondsman
           Thomas A. Willis, Judge

178. John Morrison and Mrs. Rebecca B. Ballard Feb. 11, 1844
           W. B. Vaughn, Bondsman
           J.S. Green (Eps M.)

MARRIAGE RECORDS, COPIAH COUNTY, MISS.

179. Everett Furr and Mary M. Callender   Feb. 15, 1844
       Isaac Cagle, Bondsman
       Uriah Harviston, M. G.

180. Christian Nelson and Sarah Ann Maxey   Feb. 22, 1844
       Joseph Vickers, Bondsman
       B. C. Swenney, J. P.

181. Howell Varnado and Assenith D. Davis   Feb. 22, 1844
       Zeus Davis, Bondsman
       James Bailey, M. G.

182. A. J. Mullins and Rebecca Davis   Feb. 22, 1844
       J. C. Nixon, Bondsman
       Thomas Nixon, M. G.

183. John Davis and Martha Hagan   Feb. 25, 1844
       W. J. Poulter, Bondsman
       J. W. Butler, J. P.

184. John W. Jones and Isabella Rogers   no return
                              issued   Feb. 28, 1844
       Gilbert Rogers, Bondsman

185. James H. Southern and Martha Smith   Feb. 29, 1844
       John Smith, Bondsman
       John G. Moore, J. P.

186. Silas R. Lusk and Mary M. Foster   Feb. 29, 1844
       Allen Foster, Bondsman
       Uriah Harviston, M. G.

187. John C. McGee and Mary Jane Womack   Mar. 1, 1844
       Morris Cook, Bondsman
       Geo. Rea, Mem. Bd. Police

188. James Dickens and Mrs. Mary Manning   Mar. 12, 1844
       William Simmons, Bondsman
       Daniel Leggett, M. G.

189. George Crisler and Nancy Osteen   Mar. 14, 1844
       L. B. Howard, Bondsman
       John G. Lee, M. G.

190. John Curtis and Sarah Gates   Mar. 17, 1844
       L. Kirkindall, Bondsman
       Daniel Leggett, M. G.

MARRIAGE RECORDS, COPIAH COUNTY, MISSISSIPPI

191. James McLean and Cynthia Stone   Mar. 21, 1844
    William Matheny, Bondsman
    G. W. Hamilton, J. P.

192. Thomas C. P. Moffett and Unity Davis   Mar. 21, 1844
    David Davis, Bondsman
    Paul W. Harper, J. P.

193. George S. Ashley and Altazera Southern   March 21, 1844
    R. E. Harris, Bondsman
    John P. Moore, J. P.

194. Josiah Purvis and Eliza W. Harwill   March 31, 1844
    Robert Underwood, Bondsman
    R. R. Bridges, M. G.

195. Eli North and Mrs. Hannah Harvey   Apr. 2, 1844
    Morris, Cook, Bondsman
    S. H. Johnson, Judge Probate

196. Jennings J. Allred and Belvy Applewhite   Apr. 4, 1844
    C. E. Bailey, Bondsman
    T. G. Bailey, J. P.

197. Neil M. McDugale and Judith Wilkes   Apr. 4, 1844
    Benj. B. Jacobs, Bondsman
    J. B. Smylie, J. P.

198. James M. Lyon and Melissa Speed   Apr. 11, 1844
    R. E. Harris, Bondsman

199. John F. Strawder and Mrs. Mary Ann Gates   Apr. 21, 1844
    John M. Dickens, Bondsman
    James Bailey, M. G.

200. Reuben Rushing and Lucinda Gennerells   Apr. 25, 1844
    James Rushing, Bondsman
    Joshu Sandifer, M. G.

201. M. H. Foster and Eliza Greenlee   Aprl. 30, 1844
    J. K. Hill, Bondsman
    Thomas Nixon, M. G.

202. William F. Briggs and Elizabeth L. Simmons   May 5, 1844
    John M. McDonald, Bondsman
    Samuel Thigpen

MARRIAGE RECORDS, COPIAH COUNTY, MISS.

203. Nathaniel Goza and Eliza Walker   May 7, 1844
        William Harrington, Bondsman
        Thomas B. Adams

204. Daniel Tyler and Pheriba Bryster   May 10, 1844
        J. W. McVey, Bondsman
        Joshua Sandifer, M. G.

205. William Jones and Caroline Jelks   No return
        issued   May 13, 1844
        William Hendricks, Bondsman

206. Radford Jourdan and Mrs. Mahala Welch   May 15, 1844
        William Welch, Bondsman
        B. O. Swinney, J. P.

207. Benjamin Womack and Dice Ann Townsend   May 16, 1844
        Azariah Townsend, Bondsman
        Wilks Honea, M. G.

208. Henry M. Bailey and Mrs. Susannah Beard   May 29, 1844
        Elbert Furgerson, Bondsman
        Thomas G. Bailey, J. P.

209. Daniel McCalip and Sophronia Jenkins   May 29, 1844
        John A. E. Hill, Bondsman
        Thomas Nixon, M. G.

210. Augustus Carter and Mrs. Mary E. Wiggins   June 1, 1844
        W. M. Ellis, Bondsman
        Samuel Thigpen

211. John A. Hendrick and Edy Jones   June 4, 1844
        William Long, Bondsman
        Thomas G. Bailey, J. P.

212. David Davis and Penolope Lawrence   June 6, 1844
        Curtis Black, Bondsman
        William Haley, J. P.

213. Joscah Peck and Virginia Burton   June 6, 1844
        P. Shoemaker, Bondsman
        W. A. Wade, J. P.

214. Robert B. Kennedy and Martha R. Miller   June 20, 1844
        J. M. McDonald, Bondsman
        William H. Taylor

MARRIAGE RECORDS, COPIAH COUNTY, MISSISSIPPI   5

215. G. S. Clement and Elizabeth M. Hennington   No return
                                        Issued   June 21, 1844
       J. E. Hennington, Bondsman

216. John E. George and Nancy G. Brown   July 20, 1844
       Warren W. Miller, Bondsman
       James Watson, M. G.

217. Henry Sumrall and Susanna Jenkins   July 9, 1844
       John Gillis, Bondsman
       Samuel Thigpen

218. Reuben Treadwell and Sarah A. Gennerells   No return
       T. C. Watson, Bondsman
       Joshua Sandifer, M. G.

219. Henry Manning and Mary A. Cason   No Return
                                        issued July 20, 1844
       John M. Dickens, Bondsman

220. Isreal Davis and Mary C. Hamilton   Sept. 12, 1844
       William Davis, Bondsman
       R. R. Bridges, M. G.

221. James F. Smith and Mary Jane Wilson   Sept. 26, 1844
       H. J. Wilson, Bondsman
       Thomas G. Bailey, J. P.

222. R. G. Keller and Rebecca Brackin   No Return
                               issued   Sept. 28, 1844
       W. A. Wade, Bondsman

223. P. B. Massey and Emily E. Harris   Oct. 17, 1844
       Wm. Y. Patton, Bondsman
       W. A. Wade, J. P.

224. John E. Tomlinson and Mrs. Elizabeth Harris Oct. 24, 1844
       S. S. Starnes, Bondsman
       Thos. G. Bailey, J. P.

225. Andrew Barland and Margaret Jones   Oct. 30, 1844
       James Slater, Bondsman
       Thos. G. Bailey, J. P.

226. Isaac Hoggatt and Louisa A. Callender   No return
                              issued   Nov. 4, 1844
       Everett Furr, Bondsman

MARRIAGE RECORDS, COPIAH COUNTY, MISS.

227. Isaiah Callender and Mrs. Sarah Denham   No return
         Adam Newton, Issued   Nov. 9, 1844
         Bondsman

228. John Watts and Cynthia Hays   Nov. 21, 1844
         Edwin N. Wilson, Bondsman
         Paul W. Harper, J. P.

229. James C. Welch and Parthena Linder   Nov. 28, 1844
         Uriah Linder, Bondsman
         B. A. Swinney, J. P.

230. Charles Varnadore and Rebecca Jane Davis   Dec. 19, 1844
         Zias Davis, Bondsman
         M. T. Conn

231. Nicholas Finley and Alvada Guynes   No return
         Issued   Dec. 10, 1844
         W. W. Cook, Bondsman

232. Azariah Townsend and Sarah S. Robertson   No return
         W. D. Robertson, Bondsman
         Issued Dec. 10, 1844

233. William P. McGrew and Mrs. Messenia Welch   Dec. 12, 1844
         John Gustavus, Bondsman
         Jesse Butler, J. P.

234. Josephus Evans and Artemissa Brooks   Dec. 15, 1844
         Moses Evans, Bondsman
         Thos. G. Bailey, J. P.

(Wm. Reeves?)
235. William G. Pierce and Rachel Hennington   Dec. 17, 1844
         Henry Hennington, Bondsman

236. John McMullen and Jane Thacker   Dec. 25, 1844
         Jesse Strong, Bondsman
         Jesse W. Butler, J. P.

237. Waitsell Bardwell and Mahala Watson   Dec. 26, 1844
         W. W. Cook, Bondsman
         T. W. Hamilton, J. P.

(Tillman)
238. Hayden T. Phillips and Caroline Russell   Jan. 7, 1845
         E. D. Brower, Bondsman
         W. M. Bailey, J. P.

239. E. B. Taylor and Mrs. V. D. Green   Jan. 9, 1845
         E. D. Brower, Bondsman
         Thomas Nixon, M. G.

MARRIAGE RECORDS, COPIAH COUNTY, MISSISSIPPI 7

240. John A. Smith and Angeline G. Womack   Jan. 10, 1845
        Watson L. Cheshire, Bondsman
        Thomas G. Bailey, J. P.

241. Samuel B. Kimble and Sarah E. Crider   Jan. 15, 1845
        Joseph Noble, Bondsman
        Thomas G. Bailey, J. P.

242. William E. Vardaman and Rhoda Gustavus   Jan. 15, 1845
        John Gustavus, Bondsman
        Jesse W. Butler, J. P.

243. William L. Beacham and Susan R. Hartley   Jan. 17, 1845
        Thomas G. Carter, Bondsman
        James Bailey, M. G.

244. Elbert Rush and Mary Ann Temple   Jan. 18, 1845
        Samuel Temple, Bondsman
        Uriah Harviston, M. G.

245. Elbert Guynes and Providence Cassity   Jan. 22, 1845
        Daniel K. Coor, Bondsman
        John Sandifer, M. G.

246. Henry Matthews and Caroline M. Long   Jan. 21, 1845
        Jesse Walker, Bondsman
        Jesse W. Butler, J. P.

247. Thos. H. Riley and Priscilla Netherland   Jan. 22, 1845
        Allsy Douglas, Bondsman
        W. A. Wade, J. P.

248. James M. Hilbome and Lenora Howell   Jan. 28, 1845
        B. Tanner, Bondsman
        B. C. Swinney, J. P.

249. James A. J. Crawford and Lucy Hamilton   Jan. 30, 1845
        George Hamilton, Bondsman
        R. R. Bridges, M. G.

250. James O. Nations and Exer Lovel   Jan. 28, 1845
        William Sutton, Bondsman
        T. O. Swinney, J. P.

251. Jesse Leggett and Susan Wells   Feb. 3, 1845
        Robert Hall, Bondsman
        Daniel Leggett, M. G.

MARRIAGE RECORDS, COPIAH COUNTY, MISS.

252. James S. Ratcliff and Sarah Case   Feb. 6, 1845
       M. Cook, Bondsman
       Uriah Harviston, M. G.

253. Elbert L. Fairchild and Phoebe Screws   Feb. 6, 1845
       J. R. Fairchild, Bondsman
       Matthew T. Conn

254. Henry Coleman and Eliza R. Weems   Feb. 13, 1845
       Samuel J. Hopkins, Bondsman
       W. H. Taylor

255. Benjamin F. James and Rebecca Temple   No return
       issued   Feb. 10, 1845

256. James M. Stagg and Mary E. Brown   Feb. 10, 1845
       W.C. Hamilton, Bondsman
       B. O. Swinney, J. P.

257. David Freeman and Lethie A. Freeman   No return
       Issued   Feb. 10, 1845
       James Freeman, Bondsman

258. Zadock Weeks and Mrs. Lucinda Mathews   Feb. 12, 1845
       James Renfro, Bondsman
       Uriah Harviston, M. G.

259. Merril Smith and Celia Case   No return
       Issued   Feb. 19, 1845
       Wm. Case, Bondsman

260. Henry McThomas and Mrs. Polly Dickens   No return
       Issued   Feb. 22, 1845
       Cornelius McGuinness, Bondsman

261. John Sturdevant and Susanna A. Pinson   Feb. 26, 1845
       A. J. Trim, Bondsman
       Wm. Mullin, M. G.

262. William D. Burnham and Mrs. Cynthia Alford   Mar. 6, 1845
       Thomas Camack, Bondsman
       Thos. A. Willis, Judge

263. John Tanksley and Sarah T. Twiner   Mar. 3, 1845
       Joseph P. Womack, Bondsman
       T. G. Bailey, J. P.

MARRIAGE RECORDS, COPIAH COUNTY, MISSISSIPPI

264. Stephen Hogg and Rebecca Renow   Mar. 6, 1845
       C. J. Windham, Bondsman
       Henry Hennington

265. John W. Spencer and Ann L. Lowe   Mar. 13, 1845
       Allen B. Jenkins, Bondsman
       Thomas Nixon, M. G.

266. John G. Armfield and Ann E. Tomlinson   Mar. 14, 1845
       Isaac Armfield, Bondsman
       Daniel Leggett, M. G.

267. William Farmer and Elizabeth Murrey   Mar. 13, 1845
       W. W. Cook, Bondsman
       Uriah Harviston, M. G.

268. Wiley B. Vaughn and Susan Ellis   Mar. 13, 1845
       Lott W. Ellis, Bondsman
       W. A. Wade, J. P.

269. John Dunbar and Clarinda Short   Mar. 13, 1845
       John Burke, Bondsman
       T. J. Bailey, J. P.

270. Brinkley Hickman and Nancy Sistrunk   Mar. 18, 1845
       John Sistrunk, Bondsman
       Joshua Sandifer, M. G.

271. Alfred Temple and Rebecca Temple   Mar. 21, 1845
       John Temple, Bondsman
       U. Harviston, M. G.

272. William Barnes and Mrs. Madeline C. Miller   Mar. 27, 1845
       Joseph C. Revill, Bondsman
       Thomas B. Adams

273. Erastus Wheeler and Elizabeth J. Higdon   Apr. 3, 1845
       F. Purser, Bondsman

274. Henry L. Knight and Heneretta Harris   Apr. 7, 1845
       W. M. Ellis, Bondsman
       S. H. Johnson, J. P.

275. John Edwards and Mary E. Johnson   Apr. 24, 1845
       James D. Edwards, Bondsman
       W. A. Wade, J. P.

MARRIAGE RECORDS, COPIAH COUNTY, MISS.

276. Robert E. Harris and Nancy E. Harris   Apr. 24, 1845
    P. B. Massey, Bondsman
    Thos. B. Adams

277. William Leonard and Sarah Smith   No return
    James M. Pierce, Bondsman
    Issued Apr. 23, 1845

278. William H. Lee and Mrs. Levina Alexander   May 1, 1845
    W. R. Smith, Bondsman
    Rev. John G. Lee

279. Andrew J. Trim and Pheba W. Cook   May 1, 1845
    John Sturdivant, Bondsman
    Jesse W. Butler, J. P.

280. Samuel P. Beacham and Sarah Jane Baker   May 22, 1845
    Archibald Baker, Bondsman
    Wm. Montgomery

281. William J. Balus and Mary Jane Trim   July 3, 1845
    A. J. Trim, Bondsman
    M. T. Conn, M. G.

282. Church Dixon and Sarah Maples   July 27, 1845
    Wm. Hudnall, Bondsman
    T. G. Bailey, M. G.

283. David Lum and Elisabeth ONeal (Neal)   July 30, 1845
    J. C. Wade, Bondsman
    T. G. Bailey, M. G.

284. James Norman and Elizabeth James   Aug. 12, 1845
    Wm. Hartley, Bondsman
    Jesse W. Butler, J.P.

285. Benjamin H. James and Manerva Dickens   No return
    issued Aug. 9, 1845
    William Hannon, Bondsman

286. William M. Hudson and Rebecca Wroten   Sept. 2, 1845
    Abraham Sutton, Bondsman
    Wm. M. Haley, J. P.

287. Solomon D. Sticker and Martha M. McCalip   Sept. 14, 1845
    A. J. Hill, Bondsman
    Thomas Dixon, M. G.

MARRIAGE RECORDS, COPIAH COUNTY, MISSISSIPPI

288. Gibson L. Holliday and Margaret M. Stackhouse Sep10, 1845
John W. Burnet, Bondsman
Rev. John G. Lee

289. Daniel M. Griffing and Sarah E. Callender   No return
Issued Sep. 15, 1845
James S. Callender, Bondsman

290. A. H. Frink and Sarah H. Dodds   No return
Issued Sept. 15, 1845
W. W. Cook, Bondsman

291. John Eavans and Elvira Cason   Sept. 24, 1845
Jesse Cason, Bondsman
T. G. Bailey, J. P.

292. Davis Furgerson and Adaline Smith   Sept. 29, 1845
Asa Smith, Bondsman
T. P. Bailey, J. P.

293. Thos. Moore and Lyda Thetford   Oct. 23, 1845
Preston Thedford, Bondsman
William Mullins, M. G.

294. Simeon Love and Rebecca Barlow   Oct. 22, 1845
F. M. Rembert, Bondsman
Daniel Leggett, M. G.

295. Stephen A. Griffing and Harriet L. Cranfield Nov. 13, 1845
Robert S. Callender, Bondsman
Daniel Leggett, M. G.

296. J. A. Reid and Sylvia Aills   Oct. 29, 1845
T. H. Dodds, Bondsman
Ransom Warner, V. E. M.

297. Edwin N. Wilson and Elisabeth Jones   Oct. 29, 1845
Wm. W. Cochran, Bondsman
W. A. Wade, J. P.

298. Elihu M. Ashley and Ann A. Terry   No return
Sterling Terry, Bondsman
Issued Nov. 4, 1845

299. Ambros Spencer and Martha S. Evans   No return
Issued Nov. 18, 1845
Joel F. Evans, Bondsman

MARRIAGE RECORDS, COPIAH COUNTY, MISS.

300. Henry Hamilton and Nancy Parker   Nov. 26, 1845
     John Parker, Bondsman
     James Watson, M. G.

301. John H. Cook and Louisa Moss   Nov. 30, 1845
     A. J. Trim, Bondsman
     Jesse W. Butler, J. P.

302. Alexander Moody and Mrs. Permelia Thomas   Dec. 3, 1845
     John Guynes, Bondsman
     S. S. Catchings, M. B. P.

303. W. B. F. Garrett and Rebecca Gresham   Dec. 1, 1845
     Thos. A. McNeil, Bondsman
     Joshua Sandifer, M. G.

304. Dickson C. Norman and Delia A. Randall   Dec. 4, 1845
     J. R. Randall, Bondsman
     G. H. Barrett, J. P.

305. Wm. J. Scott and Henrietta S. Warner   Dec. 11, 1845
     S. J. Scott, Bondsman
     W. A. Wade, J. P.

306. Richmond C. Ellis and Margaret E. Lowe   Dec. 11, 1845
     E. F. Lowe, Bondsman
     Samuel Thigpen, M. G.

307. John Young and Sarah A. Smith   Dec. 14, 1845
     W. T. Stokes, Bondsman
     Wm. Haley, J. P.

308. Joseph Minter and Sarah Wood   Dec. 14, 1845
     John Smith, Bondsman
     Wm. Haley, J. P.

309. Milton O. Osteen and Julia Ann Hall   Dec. 14, 1845
     E. B. Taylor, Bondsman
     M. T. Conn, M. G.

310. H. M. Richardson and Martha E. Foster   Dec. 23, 1845
     B. King, Bondsman
     Thomas Nixon, M. G.

311. Elijah Spell and Sarah A. Busley   Dec. 17, 1845
     Wm. E. Vademan, Bondsman
     J. W. Pullen, J. P.

312. F. G. B. Norman and Tamer Lowe   Dec. 18, 1845
     Isaac N. Lowe, Bondsman
     G. H. Barrett, J. P.

MARRIAGE RECORDS, COPIAH COUNTY, MISSISSIPPI

313. G.W.L. Green and Armanda Wilson   No return
       J. H. Brunaman, Issued Dec. 16, 1845
       Bondsman

314. Jesse Hudnall and Caroline Swinney   No return
       Issued Dec. 18, 1845
       Joel P. Swinney, Bondsman

315. Nicholas Smith and Eliza Day   Dec. 23, 1845
       Daniel M. Patterson, Bondsman
       Wm. Mullins, M. G.

316. Elijah McMullen and Samantha Hartley   Dec. 24, 1845
       Alfred Peck, Bondsman
       J. Peck, J. P.

(Wilson?)
317. William Palmer and Nancy Grice   Dec. 24, 1845
       Abraham Beasley, Bondsman
       W. S. Swilley, J. P.

318. Alfred Peck and Julia Ann Hagan   Jan. 1, 1846
       David Hagan, Bondsman
       Jesse W. Butler, J. P.

319. John H. McIntosh and Missouri A. Smith   Dec. 31, 1845
       G. D. Pevey, Bondsman
    (Heath?)   Paul W. Harper

320. James J. Keith and Lydia Perkins   Jan. 1, 1846
       W. W. Cook, Bondsman

321. James Murray and Mrs. Mary Beard   Dec. 31, 1845
       R. L. Pool, Bondsman
       Danniel Leggett, M. G.

322. John E. Butler and Elizabeth Tanksley   Jan. 7, 1846
       J. Dunbar, Bondsman
       Daniel Leggett, M. G.

323. George W. Warner and Nancy Rentfrow   Jan. 8, 1846
       J. T. Warner, Bondsman
       James Watson, M. G.

324. Mordcia Jacobs and Nancy Green   Jan. 8, 1846
       Calvin Green, Bondsman

325. William J. Moore and Sarah E. Shamburger   Jan. 14, 1846
       E. D. Brower, Bondsman
       W. A. Wade, J. P.

MARRIAGE RECORDS, COPIAH COUNTY, MISS.

326. William T. Byrd and Matilda Wroten   Jan. 21, 1846
       J. A. Haley, Bondsman
       Wm. Haley, J. P.

327. Thomas G. Carter and Sarah Witherspoon   Jan. 25, 1846
       M. Cook, Bondsman

328. Comodore D. Pevey and Sarah Ann Smith   Jan. 29, 1846
       W. R. Smith, Bondsman
       Rev. John G. Lee

329. William T. Poole and Lucinda Weeks   Feb. 10, 1846
       William C. Weeks, Bondsman
       Daniel Leggett, M. G.

330. C. C. Cooper and Jane Curtis   Feb. 17, 1846
       B. Harrison, Bondsman

331. Jourdan Chisco and Melissa A. Goleman   Feb. 19, 1846
       Wm. M. Lloyd, Bondsman
       T. W. Hamilton, J. P.

332. Abraham Conner and Mary A. Wages   Mar. 1, 1846
       Mordecai Jacobs, Bondsman
       W. F. Green, M. G.

333. Charles A. Pearson and Clara Warren   No return
                                        Issued   March 16, 1846
       E. R. Brown, Bondsman

334. Moody Stackhouse and Martha C. Stubbs   Mar. 19, 1846
       Francis Stubbs, Bondsman
       Thomas Nixon, M. G.

335. Thomas Smith and Anna Jane Walker   Mar. 22, 1846
       Henry Walker, Bondsman
       M. T. Conn, M. G.

336. John Smith and Martha Murray   Apr. 16, 1846
       Erros Farmer, Bondsman
       T. H. Barrett, J. P.

337. William T. Foster and Julia Ann Cogsdale   Apr. 23, 1846
       P. B. Scarborough, Bondsman
       J. Peck, J. P.

338. Isaac N. Tower and Mary Jane Welch   Apr. 23, 1846
       G. W. Corley, Bondsman
       Wm. Haley, J. P.

MARRIAGE RECORDS, COPIAH COUNTY, MISSISSIPPI   15

339. Isaac M. Bell and Ann Cammack   No return
                         Issued   Apr. 24, 1846
                William Cammack, Bondsman

340. James R. Fortenberry and Mary Ann Wilson May 6, 1846
                M. Cook, Bondsman

341. John Shelton and Martha M. Starnes   June 12, 1846
                M. D. Starnes, Bondsman
                Daniel Leggett, M. G.

342. John Fathree and Mrs. Sarah Lawrence   June 18, 1846
                Henry L. Knight, Bondsman
                W. F. Green, M. G.

343. Benjamin King and Eveline Harris   July 14, 1846
                W. Y. Patton, Bondsman
                Geo. Rea, Pres. Bd. Police C.C.

344. Frederick M. King and Sarah Tillman   July 30, 1846
                H. M. Tillman, Bondsman

345. George Van Buskirk and Sarah Herrin   No return
                         issued   July 31, 1846
                Eli Furr, Bondsman

346. Henry Purser and Mrs. Eliza Ann Touchstone Aug. 11, 1846
                Uriah Harviston, Bondsman
                J. W. Butler, J. P.

347. Hamden J. McKey and Mrs. Sarah Ann Brant   Aug. 20, 1846
                A. J. Hill, Bondsman

348. Lewellan Leggett and Samantha Simmons   Sept. 14, 1846
                Lewis Simmons, Bondsman

349. John G. Johnson and Eliza Lee   Oct. 6, 1846
                John Lee, Bondsman
                Rev. John G. Lee

350. Isaac Ryan and A Media Oatis   Oct. 7, 1846
                E. W. Corley, Bondsman
                James Watson, M. G.

351. Lockwood Monroe and Mrs. Elizabeth Griffin Oct. 13, 1846
                John Curtis, Bondsman
                Josiah Peck, J. P.

MARRIAGE RECORDS, COPIAH COUNTY, MISS.

352. Joseph Entrakin and Elisabeth T. Sandifer   Oct. 14, 1846
    Aaron A. Sandifer, Bondsman
    John D. Wilks, J. P.

353. Stephen Heard and Elisabeth Stewart   Oct. 18, 1846
    William Graves, Bondsman
    W. A. Wade, J. P.

354. Samuel D. Dodds and Dicy Miller   Oct. 22, 1846
    W. W. Martin, Bondsman
    Lewis B. Halloway, M. G.

355. Isaac J. Auld and Caroline Watson   Oct. 23, 1846
    E. B. Taylor, Bondsman
    Thos. B. Adams

356. Alfred W. Bowles and Mary A. Norman   Oct. 23, 1846
    John A. James, Bondsman
    J. W. Butler, J. P.

357. Barfield W. Moody and Margaret Hicklin   Oct. 29, 1846
    John F. Bennett, Bondsman
    S. R. Jones

358. Warren W. Miller and Margaret Cogdell   Oct. 29, 1846
    E. W. Corley, Bondsman
    W. A. Wade, J. P.

359. William Conn and Mary Jane Robinson   Nov. 2, 1846
    Allen McDaniel, Bondsman
    Samuel McRee, Police

360. William Allgood and Pernice Smith   Nov. 12, 1846
    Lott Smith, Bondsman
    M. T. Conn, M. G.

361. William White and Nancy Perrett   Nov. 9, 1846
    Wiley Perrett, Bondsman
    Josiah Peck, J. P.

362. James Hanna and Mary Ann Dreadin   Nov. 19, 1846
    James Minton, Bondsman
    J. Millsaps, Judge

363. Richard S. Hartley and Margaret Wilson   Nov. 19, 1846
    J. F. Smith, Bondsman
    Daniel Leggett, M. G.

MARRIAGE RECORDS, COPIAH COUNTY, MISSISSIPPI   17

364. William T. Evans and Nancy S. Hennington Nov. 17, 1846
                Henry J. Hennington, Bondsman
                Henry Hennington

365. Harvey Kyle and Mrs. Catherine Rogers   Nov. 20, 1846
                J. A. Graves, Bondsman
                Alexander Murry

366. Francis Prine and Mrs. Nancy Smith   Nov. 22, 1846
                Jacob Womack, Bondsman
                G. H. Barrett, J. P.

367. Elijah Smith and Mary Reed   Nov. 27, 1846
                James A. Reid, Bondsman
                M. T. Conn, M. G.

368. Thomas Newell and Susan Mathews   Nov. 25, 1846
                John R. Mathews, Bondsman
                John J. Wise, J. P.

369. James W. Perkins and Nancy Ann Toumbs   Dec. 3, 1846
                W. K. Perkins, Bondsman
                J. Millsaps, Judge

370. Clark Johnson and Sarah E. Nesom   Nov. 29, 1846
                David Gallaspy, Bondsman
                Paul W. Harper, J. P.

371. Thomas G. Strong and Nancy Anderson   Dec. 1, 1846
                Henry Strong, Bondsman
                Thomas W. Hamilton, J. P.

372. Wiley B. Vaughn and Margaret Anderson   Dec. 1, 1846
                Wm. Ellis, Bondsman
                Thomas W. Hamilton, J. P.

373. J. B. Harrington and Eliza Goza   Dec. 16, 1846
                W. J. Butler, Bondsman
                J. W. Butler, J. P.

374. Thomas R. Cottingham and Martha E. Harrison No return
                        Issued   Dec. 15, 1846
                F. M. Holliday, Bondsman

375. John F. Norman and Emagella Norman   Dec. 18, 1846
                J. M. Norman, Bondsman
                Not signed

MARRIAGE RECORDS, COPIAH COUNTY, MISS.

376. F. C. McCalip and Sarah E. Lowe   Dec. 22, 1846
       John M. W. Spencer, Bondsman
       Thos. Nixon, M. G.

377. Edward Watson and Isabel A. Foster   Dec. 23, 1846
       Wm. Matheny, Bondsman
       W. F. Green, M. G.

378. George W. H. Gibson and Mary A. Whitaker   Dec. 24, 1846
       Austin Gibson, Bondsman
       W. F. Green, M. G.

379. Abraham Beasley and Martha Cammack   Jan. 7, 1847
       William Cammack, Bondsman
       D. M. Tally

380. William C. Smith and Mary A. Magee   Jan. 6, 1847
       Michael Magee, Bondsman
       M. T. Conn, M. G.

381. William P. Bagget and Martha L. Brent   No return
                                       Issued   Dec. 16, 1846
       W. B. Larkin, Bondsman

382. Calvin Honea and Susannah Smith   Jan. 8, 1847
       Elias Smith, Bondsman
       G. A. Barrett, J. P.

383. Wesley W. Funchess and Susannah M. Hennington Jan. 26, 1847
       Allen L. Stewart, Bondsman
       J. Millsaps, Judge

384. Joseph W. Ford and Tamer Graves   Jan. 19, 1847
       Allen L. Stewart, Bondsman
       Thos. W. Hamilton, J. P.

385. Benjamin Parker and Martha Mathis   Jan. 21, 1847
       Drury Watson, Bondsman
       James Watson, M. G.

386. William H. Jones and Mary Ann Collins   Jan. 28, 1847
       Moses Ferguson, Bondsman
       Daniel Leggett, M. G.

387. Daniel K. Coor and Susan Allen   Feb. 2, 1847
       J. M. McDonald, Bondsman
       W. A. Wade, J. P.

388. Woodward W. Davis and Maria A. Watson   Feb. 4, 1847
       Eldridge Applewhite, Bondsman
       J. Millsaps, Judge

MARRIAGE RECORDS, COPIAH COUNTY, MISSISSIPPI   19

389. John H. Starnes and Mary A. Weeks   Feb. 9, 1847
            S. S. Starnes, Bondsman
            Daniel Leggett, M. G.

390. Abner L. Weaver and Subbowney M. Fortner   Feb. 10, 1847
            John Fortner, Bondsman
            Josiah Peck, J. P.

391. John Blake and Nancy A. Fortner   Feb. 10, 1847
            John Fortner, Bondsman
            Josiah Peck, J. P.

392. William A. Edwards and Mary Hughes   Feb. 10, 1847
            John Fortner, Bondsman
            Josiah Peck, J. P.

393. Ezekiel Cobb and Amanda Graves   Feb. 18, 1847
            Robert Hicks, Bondsman
            Josiah Peck, J. P.

394. William D. Patton and Careasa M. Cottingham Feb. 17, 1847
            E. D. Brower, Bondsman
            Thos. A. Willis, Judge

395. James Corley and Elisabeth Strahan   Feb. 25, 1847
            B. W. Corley, Bondsman
            Wm. Haley, J. P.

396. Archibald Steele and Eliza H. Catchings   No return
            Elderson H. Norman, Bondsman
                        Issued   Feb. 20, 1847

397. Jesse P. Hargraves and Elisabeth E. Martin Feb. 24, 1847
            B. King, Bondsman
            M. T. Conn, M. G.

398. N. W. S. Wheeler and Margaret Bailey   Mar. 3, 1847
            John T. Higdon, Bondsman
            John Temple, Police

399. Eldridge G. Davis and Lydia O'Neal   Mar. 11, 1847
            Henry O'Neal, Bondsman
            Josiah Peck, J. P.

400. Thomas A. McNeill and Eliza McRee   Mar. 30, 1847
            Allen L. Stewart, Bondsman
            J. Millsaps, Judge

MARRIAGE RECORDS, COPIAH COUNTY, MISS.

401. John W. Sandifer and Eliza Brown Apr. 23, 1847
    A. J. Collins, Bondsman
    A. J. Collins, J. P.

402. George W. Cobb and Polly Loving May 14, 1847
    William Wooten, Bondsman

403. Alexander Case and Mary Newton May 27, 1847
    Harvey Furr, Bondsman
    John Temple, M. B. P.

404. Marshall Bankston and Mrs. Anna Massey May 25, 1847
    Warren Massey, Bondsman
    Josiah Peck, J. P.

405. Ashael Gardner and Martha Green No return
    Issued June 22, 1847
    Daniel Matheny, Bondsman

406. Thomas J. Goode and Elisabeth R. Moore June 30, 1847
    Wm. Haley, Bondsman
    Wm. Haley, J. P.

407. Francis Rembert and Elisabeth B. Patrick July 28, 1847
    D. P. Mullins, Bondsman
    Thos. B. Adams

408. Campbell Mattingly and Sarah A. Moore No return
    Issued Aug. 14, 1847
    M. Cook, Bondsman

409. William A. Sullivan and Tilitha Townsend Aug. 16, 1847
    Faven Townsend, Bondsman
    John Temple, M. B. P.

410. Elihu Prine and Nancy Smith Aug. 19, 1847
    Frances Prine, Bondsman
    G. H. Barrett, J. P.

411. Jesse Cagle and Margaret A. O'Neal No return
    Issued Aug. 19, 1847
    J. L. Crawford, Bondsman

412. John F. Vance and Dicy Allen Sept. 21, 1847
    E. D. Brower, Bondsman

413. John W. Bordeaux and Julianna Cassidy Sept. 30, 1847
    W. F. Cassidy, Bondsman
    Paul W. Harper, J. P.

MARRIAGE RECORDS, COPIAH COUNTY, MISSISSIPPI

414. Ranson Walden and Margaret Newell   Oct. 3, 1847
         William H. Landers, Bondsman
         M. T. Conn, M. G.

415. Edmund F. Lowe and Margaret C. McNeill   Oct. 6, 1847
         Thos. A. McNeill, Bondsman
         Thomas Nixon, M. G.

416. Augustus S. Ballenger and Elisabeth Jane Smith Oct. 6, 1847
         E. W. Corley, Bondsman
         James Watson, M. G.

417. John Taylor and Lavisa Young   Oct. 14, 1847
         E. W. Corley, Bondsman
         John Sandifer, M. G.

418. Bonam Taylor and Mary A. Thomas   Oct. 27, 1847
         B. A. Dickens, Bondsman
         Daniel Leggett, M. G.

419. Blank

420. Martin Bridges and Sarah A. Davis   Nov. 4, 1847
         J. C. Sandifer, Bondsman
         Joshua Sandifer, M. G.

421. James C. Sandifer and Caroline A. Young   Nov. 18, 1847
         John W. Young, Bondsman
         B. Gresham, J. P.

422. B. P. Welch and Ann J. Coor   Nov. 16, 1847
         D. K. Coor, Bondsman
         James A. Strong, J. P.

423. William H. Gordon and Rebecca A. Martin   Dec. 1, 1847
         W. M. Crawford, Bondsman
         M. T. Conn, M. G.

424. Joseph B. Catchings and Martha Bridges   Dec. 9, 1847
         A. P. Steele, Bondsman
         Joseph Nicholson, M. G.

425. William Hewitt and Margaret E. Gowan   Dec. 8, 1847
         J. W. Hennington, Bondsman

426. Banjamin K. Hawkins and Mary E. Brown   Dec. 9, 1847
         W. G. Patton, Bondsman
         Thos. B. Adams

MARRIAGE RECORDS, COPIAH COUNTY, MISS.

427. George W. Woods and Emily A. Wilson   Dec. 14, 1847
       Jackson Dunbar, Bondsman
       M. T. Conn, M. G.

428. Blank

429. Blank

430. Owen C. Fortenberry and Emily Boon   Dec. 16, 1847
       Isaac N. Lowe, Bondsman
       J. M. Erranton, J. P.

431. James M. Bordeaux and Mary Jane Harvill   Dec. 16, 1847
       J. W. Bourdeaux, Bondsman
       Paul.W. Harper, J. P.

432. John Frasure and Narcissa Ellzey   Dec. 16, 1847
       Robert Ellzey, Bondsman

433. Hezekia G. D. Brown and Mary P. Taliaferro   Dec. 23, 1847
       E. R. Brown, Bondsman

434. Jesse F. Hood and Elizabeth Strong   Dec. 23, 1847
       Thos. G. Strong, Bondsman

435. J.O.M. Courtney and Rebecca Jane Tyler   Dec. 30, 1847
       Allen Tyler, Bondsman
       Joshua Sandifer, M. G.

436. Benjamin Harris and Sabra Norman   Dec. 30, 1847
       Jacob Womack, Bondsman
       J. M. Erranton, J. P.

437. Abram B. Willis and Catharine Rowan   Jan. 5, 1848
       J. Millsaps, Bondsman
       James A. Sturgis, J. P.

438. Joseph McKinley and Elizabeth Ashley   No return
       Issued   Jan. 17, 1848
       Geo. A. Ashley, Bondsman

439. Solomon Barron and C. J. Sistrunk   Jan. 27, 1848
       John A. Sistrunk, Bondsman

440. Amos Watson and Cresey Lee   Feb. 1, 1848
       Thos. Templeton, Bondsman
       T. W. Hamilton, J.P.

MARRIAGE RECORDS, COPIAH COUNTY, MISSISSIPPI

441. German A. Shivers and Sarah Boone   Feb. 10, 1848
        Middleton Brumley, Bondsman
        J. M. Erranton, J. P.

442. Elisha N. Jenkins and Martha A. Briggs   Feb. 10, 1848
        W. M. Ellis, Bondsman
        W. F. Green, M. G.

443. Thomas J. Spencer and Sarah A. Lowe   Feb. 22, 1848
        Fielding C. McCalip, Bondsman
        W. F. Green, M. G.

444. Thomas Roberts and Rebecca Wroten   Mar. 2, 1848
        Wm. Burk, Bondsman
        E. W. Corley, J. P.

445. Isaiah Fife and Sarah Gladden   License returned
        Issued   Mar. 7, 1848
        John E. Butler, Bondsman

446. Samuel G. Miller and Eugenia C. Speed   Mar. 9, 1848
        J. K. Hill, Bondsman
        Thos. Nixon, M. G.

447. Robert A. Sibley and Elvira J. Scott   Mar. 9, 1848
        Eli North, Bondsman
        E. W. Corley, J. P.

448. Jefferson T. Bailey and Minerva J. Dickens Mar. 14, 1848
        J. J. Tynes, Bondsman
        E. W. Corley, J. P.

449. John C. Weeks and Mrs. Martha A. Davis   Mar. 30, 1848
        S. H. Johnson, Bondsman
        J. Millsaps, Judge

450. Willis Ellis and Mary G. Harris   Apr. 13, 1848
        John Fatheree, Bondsman
        W. F. Green, M. G.

451. Allen G. Anderson and Mrs. Mary Ann Lewis   Apr. 16, 1848
        Edward Jackson, Bondsman
        T. W. Hamilton, J.P.

452. Wade Hampton Griffin and Susana Buie   Apr. 20, 1848
        John Curtis, Bondsman
        E. W. Warley, J. P.

MARRIAGE RECORDS, COPIAH COUNTY, MISS.

453. James J. Hood and Mary T. Stubbs   Apr. 26, 1848
    John L. Stubbs, Bondsman
    Thos. W. Hamilton, J.P.

454. A. Y. Lord and Malinda Weeks   Apr. 27, 1848
    E. Ferguson, Bondsman
    M. B. Starnes, J. P.

455. John L. Nations and Dicey Adams   Apr. 26, 1848
    James M. Nations, Bondsman
    Geo. S. Ashley, J. P.

456. Geo. G. Anding and Mrs. Susana Nevill   May 3, 1848
    Martin A. Anding, Bondsman
    H. J. Harris, M. G.

457. E. W. Sandifer and Susan Renno   May 11, 1848
    S. Renno, Bondsman
    John Sandifer, M. G.

458. John P. Rogers and Amanda Allred   May 25, 1848
    H. J. Harris, Bondsman
    H. J. Harris, M. G.

459. Thomas Davis and Malinda Miller   May 31, 1848
    N. R. Mullican, Bondsman
    E. W. Corley, J. P.

460. Elias Safford and Hester Ann Brown   June 21, 1848
    E. G. Peyton, Bondsman
    James Watson, M. G.

461. Rankin Bridges and Sevinah Renno   July 6, 1848
    Stephen Renno, Bondsman
    John Sandifer, M. G.

462. Samuel Wilson and E. R. Wheeler   July 11, 1848
    Geo. S. Wilson, Bondsman
    Alexander Murray

463. Lewis D. Felts and Mary Ann Ford   No return
    Issued   July 25, 1848
    Robert J. Tillman, Bondsman

464. Captain John B. Deason and Mary Ann Keller   Aug. 2, 1848
    George Rea, Bondsman
    E. W. Corley, J. P.

MARRIAGE RECORDS, COPIAH COUNTY, MISSISSIPPI

465. Thomas T. Moseley and Mrs. Rebecca Scott   Aug. 3, 1848
        W. W. Cook, Bondsman
        E. W. Corley, J. P.

466. Isham Smith and Mrs. Emily Smith   Aug. 11, 1848
        A. B. Lofton, Bondsman
        T.W.H. Vining, J. P.

467. Joseph Allen Foster and Paletine Crawford   Aug. 17, 1848
        Jesse Cagler, Bondsman
        George S. Ashley, J. P.

468. Andrew J. Lusk and Celina J. Causey   Aug. 17, 1848
        James Foster, Bondsman
        James Watson, M. G.

469. Daniel J. Sandifer and Amanda E. Guynes   Aug. 17, 1848
        B. F. Guynes, Bondsman
        E. Gresham, J. P.

470. John H. Lloyd and Mariah L. Love   Aug. 24, 1848
        R. G. Foster, Bondsman
        Henry J. Harris, M. G.

471. Moses Kirkland and Eliza Carter   Sept. 7, 1848
        Richard Kirkland, Bondsman
        Thomas Jones, J. P.

472. W. H. Mullins and Frances E. Cato   Sept. 13, 1848
        D. P. Mullins, Bondsman
        H. J. Harris, M. G.

473. Stephen W. J. Cade and Martha Ann Zackery   Oct. 3, 1848
        Wiley Zackery, Bondsman
        J. Millsaps, Judge

474. William Brown and Clarissa Perkins   Sept. 23, 1848
        Reuben McLemore, Bondsman
        Thomas Jones, J. P.

475. John C. Hood and Hester Strong   Oct. 3, 1848
        Henry Strong, Bondsman
        W. F. Green, M. G.

476. Eli Z. Chance and Cynthia Ann Guess   Oct. 5, 1848
        John Chance, Bondsman
        George S. Ashley, J. P.

MARRIAGE RECORDS, COPIAH COUNTY, MISS.

477. Bartlett Smith and Mary M. Davis   Oct. 26, 1848
     W. W. Davis, Bondsman
     Wm. Mullins, M. G.

478. John Ryan and Mary Ann Otis   Oct. 12, 1848
     Isaac Ryan, Bondsman
     Thomas Jones, J. P.

479. Balis W. Swofford and Eleanor A. Perkins   Oct. 5, 1848
     R. T. Coleman, Bondsman
     Thomas Jones, J. P.

480. John Tatum and Malinda Jones   Nov. 24, 1848
     J. M. Bell, Bondsman
     M. D. Starnes, J. P.

481. Malcolm McPherson and Eliza Jane Smylie   Oct. 19, 1848
     J. B. Smylie, Bondsman
     J. C. Johnson

482. John Leggett and Esther Ellen Adkins   Oct. 27, 1848
     Samuel Adkins, Bondsman
     Daniel Leggett, M. G.

483. Elijah Dickens and Mary Evans   Oct. 26, 1848
     J. T. Bailey, Bondsman
     Geo. S. Ashley, J. P.

484. John Coor and Sarah A. Hilbun   Oct. 31, 1848
     B. Tanner, Bondsman
     Thomas Jones, J. P.

485. William J. Thompson and Elizabeth Reed   Nov. 2, 1848
     James T. Thompson, Bondsman
     M. T. Conn, M. G.

486. Peyton Hamsborough and Sarah Shaw   Oct. 29, 1848
     B. O. Swinney, Bondsman
     E. W. Corley, J. P.

487. Andrew Wooten and Catherine Ferguson   Nov. 12, 1848
     Wm. C. Weeks, Bondsman
     Daniel Leggett, M. G.

488. William K. Perkins and Sarah Prescott   Nov. 9, 1848
     G. W. Held, Bondsman
     J. Millsaps, Judge

MARRIAGE RECORDS, COPIAH COUNTY, MISSISSIPPI

489. John Watson and Columbia Gilmore   Nov. 12, 1848
         T. M. Gilmore, Bondsman
         T.W.H. Vining, J. P.

490. Berry Slater and Sarah Myers   Nov. 11, 1848
         Wm. M. Ramsey, Bondsman
         H. H. Guynes, M.B.P.

491. John Strong and Margaret M. Anderson   Nov. 11, 1848
         Henry Strong, Bondsman
         W. F. Green, M. G.

492. Daniel Cranfield and Mrs. Polly Barlow   Nov. 16, 1848
         Robt. S. Callender, Bondsman
         Thos. Jones, J. P.

493. William Southern and Mrs. Mary Ashley   Nov. 19, 1848
         Geo. S. Ashley, Bondsman
         Geo. S. Ashley, J. P.

494. Thadeus J. Maxwell and Mary E. McMillan   Nov. 28, 1848
         John Gilchrist, Bondsman
         D. C. Henderson

495. William M. Crawford and Malissa Graves   Nov. 22, 1848
         E. Cobb, Bondsman
         Thos. Jones, J. P.

496. James E. Sellers and Rachel Hennington   Nov. 29, 1848
         Abraham Siebe, Bondsman
         Henry Hennington

497. Abner P. Steele and Frances E. Catchings   Dec. 7, 1848
         E. L. Norman, Bondsman
         E. N. Talley

498. Benjamin Williams and Sarah Smith   Dec. 4, 1848
         C. K. Swinney, Bondsman
         E. W. Corley, J. P.

499. Gideon S. Vardaman and Adeline J. Beasley   Dec. 7, 1848
         Elijah Spell, Bondsman
         Thos. B. Adams

500. Abraham F. Nations and Rebecca Ann Nations   Dec. 7, 1848
         James M. Nations, Bondsman
         Thos. Jones, J. P.

MARRIAGE RECORDS, COPIAH COUNTY, MISS.

501. John J. Robinson and Adeline R. Harvey   Dec. 7, 1848
         W. H. Sanders, Bondsman
         E. W. Corley, J. P.

502. Norvill R. Mullican and Rachel Strahan   Dec. 14, 1848
         G. W. Strahan, Bondsman
         James A. Sturgis, J. P.

503. Jesse Watson and Charlott Smith   Dec. 18, 1848
         James M. Smith, Bondsman
         E. W. Corley, J. P.

504. Warren M. Ellis and Mary M. Strong   Dec. 19, 1848
         W. B. Vaughn, Bondsman
         W. F. Green, M. G.

505. Stephen M. Cade and Margaret Allred   Dec. 27, 1848
         Elijah Miller, Bondsman
         W. Mullins

506. William R. Sandifer and Amanda C. Sandifer Dec. 20, 1848
         W. N. Sandifer, Bondsman
         Joshua Sandifer, M. G.

507. George H. Wolfe and Artilecia A. Lewis   Dec. 21, 1848
         J. J. Hennington, Bondsman
         J. A. Sturgis, J. P.

508. Ivy Boyd and Sarah Arnold   Dec. 22, 1848
         Rowan Boyd, Bondsman
         T.W.H. Vining, J. P.

509. James Haywood and Nancy Conn   Feb. 1, 1849
         Henry W. Conn, Bondsman

510. Thomas A. Ashley and North America Matinly Dec. 27, 1848
         E. M. Ashley, Bondsman
         George S. Ashley, J. P.

511. William M. Higdon and Nancy Pitts   Dec. 27, 1848
         J. C. Pitts, Bondsman
         M. D. Starnes, J. P.

512. William M. Smith and Mrs. Martha Dickens   No return
                      Issued   Dec. 27, 1848
         Morgan G. Palmer, Bondsman

513. William F. Weeks and Amanda E. Sandifer   Dec. 29, 1848
         Bryant F. Guynes, Bondsman
         B. Gresham, J. P.

MARRIAGE RECORDS, COPIAH COUNTY, MISSISSIPPI.

514. John F. Spencer and Saint Helena Strickland   Jan. 4, 1849
              E. W. Corley, Bondsman
              H. J. Harris, M. G.

515. James Hodge and Martha Kinnebrew   Jan. 4, 1849
              Leonard Kinnebrew, Bondsman

516. Baff Fife and Angeline Smith   Jan. 29, 1849
              Elisha Leggett, Bondsman
              M. D. Starnes

517. John P. McCall and Hester Ann Ferguson   Jan. 8, 1849
              E. Ferguson, Bondsman
              M. T. Conn, M. G.

518. Nicholas Hayman and Charity McDonald   Jan. 7, 1849
              S. H. Johnson, Bondsman
              Paul W. Harper, J. P.

519. Edward Autell and Nancy Johnson   Jan. 9, 1849
              H. M. Bailey, Bondsman
              M. D. Starnes, J. P.

End of Book E

Beginning Book F

520. James F. Thompson and Selina Smith   Jan. 18, 1849
              Lott Smith, Bondsman
              M. G. Conn, M. G.

521. Joel W. Morse and Emily R. A. Womack   Jan. 11, 1849
              H. O'Neal, Bondsman
              W. F. Green, M. G.

522. Josiah Watts and Sarah Malinda Watson   Jan. 14, 1849
              W. W. Martin, Bondsman
              Paul W. Harper, J. P.

523. Woodard W. Davis and Jane Gilbert   Jan. 18, 1849
              Seth Applewhite, Bondsman
              W. Mullins

524. Benjamin Middleton and Savender Norman   Jan. 18, 1849
              John Guynes, Bondsman
              H. H. Guynes, Police

525. Joseph Thetford and Mary E. Moore   Jan. 18, 1849
              Preston Thetford, Bondsman
              W. F. Green, M. G.

MARRIAGE RECORDS, COPIAH COUNTY, MISS.

526. Hiram G. Flowers and Sentia Ann Hennington Jan. 23, 1849
          J. E. Hennington, Bondsman
          James A. Sturgis, J. P.

527. George W. Strahan and Martha Miller   Jan. 24, 1849
          N. R. Mullican, Bondsman
          James A. Sturgis, J. P.

528. Joseph T. P. Poole and Amanda Vardaman   Jan. 30, 1849
          John F. Beesley, Bondsman
          Daniel Leggett, M. G.

529. Andrew B. Little and Margaret Ann Hannon   Feb. 1, 1849
          M. A. Pruitt, Bondsman
          James A. Sturgis, J. P.

530. Henry Z. Barlow and Mary M. Swenney   Feb. 1, 1849
          David Bufkin, Bondsman
          Thos. Jones, J. P.

531. James Pittman and Mrs. Zilla Henderson   Feb. 8, 1849
          M. Cook, Bondsman

532. George W. Cobb and Caroline Matthews   Feb. 8, 1849
          Drury Watson, Bondsman
          Thos. Jones, J. P.

533. J. F. Enochs and Rebecca Jane Black   Feb. 15, 1849
          Wm. C. Enochs, Bondsman
          Samuel L. L. Scott, M. G.

534. William L. Foster and Mrs. Jane Lee   Feb. 13, 1849
          Elijah Jackson, Bondsman
          Alexander Murrey

535. George Thomas and Amanda Wilson   Feb. 14, 1849
          E. W. Tanner, Bondsman
          Thos. Jones, J. P.

536. Jackson Dunbar and Mrs. Elizabeth Hessie   Feb. 21, 1849
                    (Hervie)
          M. D. Starnes, Bondsman
          M. D. Starnes, J. P.

537. Elias L. Palmer and Martha Stanley   Mar. 1, 1849
          William J. Broom, Bondsman
          William H. Taylor

MARRIAGE RECORDS, COPIAH COUNTY, MISSISSIPPI

538. Charles R. Swinney and Ann Jane Hayes   Feb. 21, 1849
     J. W. Hayes, Bondsman
     Paul W. Harper, J. P.

539. Samuel Temple and Mrs. Mary E. Blocker   Feb. 24, 1849
     S. H. Johnson, Bondsman
     Thos. Jones, J. P.

540. Thomas J. Smith and Mrs. Francis Kyle   March 13, 1849
     John Smith, Bondsman
     E. W. Corley

541. Elsberry Britt and Adeline Jackson   Mar. 22, 1849
     Isham Smith, Bondsman
     Wm. Mullins

542. Franklin Dillard and Mrs. Jane E. Patrick   Mar. 15, 1849
     Geo. Rea, Bondsman
     Geo. Rea, Police

543. William A. Lewis and Susan Brown   Apr. 3, 1849
     J. W. Ferguson, Bondsman
     James A. Sturgis, J. P.

544. Timothy T. Brian and Demarus C. Tyler   Apr. 12, 1849
     J. W. Ferguson, Bondsman
     James A. Sturgis, J. P.

545. Thomas Burk and Mary J. Lambright   Apr. 12, 1849
     George G. Anding, Bondsman
     Wm. Mullins

546. Nathan Renfrow and Elisabeth Cobb   Apr. 12, 1849
     George W. Cobb, Bondsman
     Thos. Jones, J. P.

547. Samuel J. Scott and Elisabeth A. Harvey   Apr. 19, 1849
     C. Reid, Bondsman
     H. A. Harris, M. G.

548. William A. Watson and Nancy A. Gilbert   May 3, 1849
     Webster Gilbert, Bondsman
     Wm. Mullins

549. Seaborn Ferguson and Elisabeth Tucker   May 3, 1849
     James J. Crawford, Bondsman
     Thos. Jones, J. P.

MARRIAGE RECORDS, COPIAH COUNTY, MISS.

550. Joshua A. Ballaw and Eliza Harty   May 6, 1849
         S. S. Starnes, Bondsman
         M. D. Starnes, J. P.

551. William L. Dailey and Sarah Ann James   May 8, 1849
         John Reison, Bondsman
         M. D. Starnes, J. P.

552. Dennis Dunn and Margaret J. Herring   May 15, 1849
         Henry Batton, Bondsman
         P. W. Harper, J. P.

553. John Weathersby and Sarah McVay   May 15, 1849
         W. T. McVay, Bondsman
         P. W. Harper, J.P.

554. James Newman and Penelope L. Davis   May 22, 1849
         Wm. Smylie, Bondsman
         Wm. Mullins

555. Elijah Miller and Jane Mullins   Jun. 3, 1849
         H. W. Traylor, Bondsman
         Thos. Jones, J. P.

556. John T. Hartley and Elizabeth M. Hartley   Jun. 7, 1849
         Josiah Peck, Bondsman
         Wm. F. Green, M. G.

557. David Bufkin and Susan Carlilse   Jun. 14, 1849
         Alex J. Douglass, Bondsman
         M. T. Conn, M. G.

558. Ephram Wilcox and Arena Maples   July 12, 1849
         John Maples, Bondsman

559. Ephram Kelly and Mary Ann Smith   July 18, 1849
         Elijah N. Butler, Bondsman
         M. D. Starnes, J. P.

560. William A. Hudson and Columbia Smith   July 26, 1849
         S. Smith, Bondsman
         M. T. Conn, M. G.

561. Bryant S. Guynes and Martha J. Barron   Aug. 2, 1849
         James P. Whittington, Bondsman
         B. Grisham, J. P.

562. Henry J. Hennington and Nancy C. Whittington   Aug. 7, 1849
         A. Moody, Bondsman
         E. W. Corley, J. P.

MARRIAGE RECORDS, COPIAH COUNTY, MISSISSIPPI

563. Randolph W. Brown and Almeda Shamburger   Aug. 9, 1849
       D. P. Welch, Bondsman
       James A. Sturgis, J. P.

564. Archibald Price and Jane Pearson   Sep. 12, 1849
       James A. Sturgis, J. P.

       (Lenna?)
565. James B. Crawford and Sinia Applewhite   Sep. 13, 1849
       Seth Applewhite, Bondsman
       Jackson Millsaps, Judge

566. Andrew J. Scrivner and Sarena Rialls   Sep. 11, 1849
       E. D. Brown, Bondsman
       Geo. S. Ashley, J. P.

567. James Foster and Alsey Treadwell   Sep. 30, 1849
       John Herring, Bondsman
       James Watson, M. G.

568. Isiah H. Smith and Tallitha W. Russe   Oct. 4, 1849
       E. D. Brower, Bondsman
       J. A. Sturgis, J. P.

569. Warren Massey and Sarah Kennebrew   Oct. 4, 1849
       Daniel Hodges, Bondsman
       T. W. Hamilton, J. P.

570. K. W. Paul and Pency Tillman   Oct. 21, 1849
       N. W. Slay, Bondsman
       S. B. Holloway, M. G.

571. Joel Fulgham and Alzada Roberts   Oct. 23, 1849
       T. C. Williams, Bondsman
       W. H. Taylor

572. Reason Wooley and Elisabeth Buie   No return
       Issued   Oct. 22, 1849
       Daniel M. Patterson, Bondsman

573. Jefferson Anderson and Mahala Cooper   Oct. 25, 1849
       Josiah Peck, Bondsman
       W. F. Green, M. G.

574. William M. Ramsey and Mrs. Sarah T. Carroll   Nov. 1, 1849
       John Guynes, Bondsman
       H. H. Guynes, M. B. P.

MARRIAGE RECORDS, COPIAH COUNTY, MISS.

575. John C. Nixon and Susan E. Browning   Nov. 15, 1849
       Daniel L. Rawls, Bondsman
       H. J. Harris, M. G.

576. Jesse Speer and Sissily Bailey   Dec. 11, 1849
       Benjamin A. Crawford, Bondsman
       M. T. Conn, M. G.

577. Daniel Hodge and Sarah Ann Whittaker   Nov. 15, 1849
       S. M. Townsend, Bondsman
       W. F. Green, M. G.

578. George Gardner and Martha E. Ellis   Nov. 27, 1849
       Wm. W. Gillis, Bondsman
       W. F. Green, M. G.

579. William Sims and Mary Wilson   Dec. 2, 1849
       Geo. W. Wilson, Bondsman
       Alexander Murrey

580. Henry Furr and Elisabeth James   Dec. 13, 1849
       William James, Bondsman
       G. W. Furr, J. P.

581. James King and Mrs. Martha A. Weeks   Dec. 9, 1849
       Reuben Millsaps, Bondsman
       J. Millsaps, Judge

582. Hiram Ward and Martha A. Atkinson   Dec. 13, 1849
       Daniel T. Atkinson, Bondsman
       Wm. Mullins

583. Benajah Warren and Mrs. Catherine Varnedoe Dec. 23, 1849
       John C. Graves, Bondsman
       J. Millsaps, Judge

584. R. C. Cooper and Elisabeth J. Dungan   Dec. 18, 1849
       Wm. Mullins, Bondsman
       H. J. Harris

585. Henry W. Traylor and Polly Bledsoe Mullins Dec. 20, 1849
       Wm. Mullins, Bondsman
       Benj. F. Granberry, M. B. P.

586. Alfred Renfrow and Susan Jackson   Dec. 27, 1849
       Gilbert E. Jackson, Bondsman
       Wm. Mullins

587. John C. Templeton and Zilpha Womack   Dec. 27, 1849
       John J. Goleman, Bondsman
       John Wright, J. P.

MARRIAGE RECORDS, COPIAH COUNTY, MISSISSIPPI   35

588. William Murphy and Matilda Rogers   Dec. 27, 1849
          John C. Pitts, Bondsman
          James A. Sturgis, J. P.

589. Jerome B. Hall and Sarah Ann Weeks   Dec. 30, 1849
          John S. Weeks, Bondsman
          Daniel Leggett, M. G.

590. Walter L. Price and Emily Day   Dec. 30, 1849
          M. C. Noland, Bondsman
          Wm. Mullins

591. John S. Ard and Mary Ard   Jan. 1, 1850
          S. D. Ramsey, Bondsman
          James Sturgis, J. P.

592. William Lum and Sarah C. Lum   Jan. 2, 1850
          Samuel E. Vance, Bondsman
          Moses Ferguson, J. P.

593. Frances H. Singletary and Elender Sumrall Jan. 3, 1850
          Allan Sumrall, Bondsman
          R. C. Cockran, J. P.

594. Joseph B. Jordan and Ann H. Bourdeaux   Jan. 1, 1850
          S. F. Howell, Bondsman

595. W. B. P. Williams and Sarah Ann Mills   Jan. 2, 1850
          A. B. C. Patrick, Bondsman
          R. C. Cockran, J. P.

596. Ervin Strong and Martha Foster   No return
                              Issued   Jan. 2, 1850
          J. D. Bailey, Bondsman

597. William Furlow and Martha Montgomery   Jan. 9, 1850
          S. P. Beacham, Bondsman
          J. Millsaps, Judge

598. Peter Renfrow and Mary E. East   Jan. 3, 1850
          James East, Bondsman
          D. W. Furr, J. P.

599. John S. Beasley and Martha Millsaps   Jan. 10, 1850
          Jackson Millsaps, Bondsman
          R. C. Cockran

600. Littleton M. Townsend and Martha E. Hodges Jan. 10, 1850
          Daniel Hodges, Bondsman
          W. F. Green, M. G.

MARRIAGE RECORDS, COPIAH COUNTY, MISS.

601. Robert A. Furlow and Amanda J. Brown   Jan. 15, 1850
       J. B. Howard, Bondsman
       J. Millsaps, Judge

602. John P. Norton and Elisabeth Holliday   Jan. 10, 1850
       Geo. Rea, Bondsman
       John C. Wade, P.B.P.

603. Anderson Pierce and Dorothy Buie   Jan. 24, 1850
       Neill Buie, Bondsman
       Angus Collum, M. G.

604. David Clark and Jane Kelley   Jan. 22, 1850
       Moses F. Goff, Bondsman

605. William H. Allen and Mary Jane McRee   Jan. 31, 1850
       D. K. Coor, Bondsman
       Thos. Nixon, M. G.

606. W. L. B. Bostick and Letitia Honea   Feb. 7, 1850
       S. J. Johnson, Bondsman
       Paul W. Harper, J. P.

607. Isaac N. Stanfill and Selena Price   Feb. 21, 1850
       Jackson Millsaps, Bondsman
       R. A. Sibley, J. P.

608. Moses Johnson and Noris Finley   Feb. 2, 1850
       Z. Finley, Bondsman
       W. F. Green, M. G.

609. J. G. Burnett and Cassandra Hagan   Feb. 19, 1850
       P. R. Scarbough, Bondsman
       Alfred Peck, J. P.

610. John L. Crawford and Mary E. Martin   Feb. 24, 1850
       Edwin J. Fairbanks, Bondsman
       Moses Ferguson, J. P.

611. Joseph A. Tyler and Eliza Mitchell   Feb. 27, 1850
       A. D. Hickman, Bondsman
       James A. Sturgis, J. P.

612. Merry B. Harris and Evelin Allen   Mar. 1, 1850
       Frank Sturgis, Bondsman
       Wiley P. Harris, Judge

613. James M. Douglas and Margaret Bufkin   Mar. 7, 1850
       Geo. Douglas, Bondsman
       R. A. Sibley, J. P.

MARRIAGE RECORDS, COPIAH COUNTY, MISSISSIPPI 37

614. William Holmes and Elizabeth K. Macon   Apr. 4, 1850
     S. J. Moorehead, Bondsman
     Thos. B. Adams

615. Thomas Ballow and Mary A. C. Smith   No return
     Issued Apr. 3, 1850
     H. J. Wilson, Bondsman

616. John Smith and Elizabeth Martin   Apr. 14, 1850
     Jesse Smith, Bondsman
     B. Gresham, J. P.

617. Alsey Arnold and Susannah Vickers   Apr. 13, 1850
     Littleton Vickers, Bondsman
     Wm. Mullins

618. Samuel Loftin and Rebecca Case   Apr. 30, 1850
     Willis Allgood, Bondsman
     Rev. W. M. Thompson

619. Friday W. Sojourner and Eliza E. Young   May 12, 1850
     D. C. Fanning, Bondsman
     B. Gresham

620. Mathew Stevens and Narcissa Weeks   May 2, 1850
     A. Y. Lord, Bondsman
     Daniel Leggett, M. G.

621. James Templeton and Susanna Bardwell   May 19, 1850
     Wartel Bardwell, Bondsman
     R. A. Sibley, J. P.

622. Joseph Vickers and Margaret Thomas   June 6, 1850
     Alsey Arnold, Bondsman
     E. Douglas, J. P.

623. William J. Killpatrick and Martha Perkins   June 27, 1850
     J. C. Graves, Bondsman
     J. Millsaps, Judge

624. Mack Twiner and Mary Ann Leggett   July 1, 1850
     A. J. Twiner, Bondsman
     Moses Ferguson, J. P.

625. William Barron and Matilda A. Guynes   July 17, 1850
     John Guynes, Bondsman
     Joshua A. Sandifer

MARRIAGE RECORDS, COPIAH COUNTY, MISS.

626. James A. Tillman and Mary E. Morgan   Aug. 8, 1850
       P. C. Hardin, Bondsman
       M. T. Conn, M. G.

627. Samuel A. Sandifer and Sarah Renfrow   Aug. 7, 1850
       W. R. Sandifer, Bondsman
       Elisha Douglass, J. P.

628. John C. Graves and Mrs. Pricilla Allred   Aug. 8, 1850
       J. P. Rembert, Bondsman
       Wm. Mullins

629. J. T. Baggett and Mary M. Norman   Aug. 3, 1850
       W. B. Brent, Bondsman
       E. N. Tally

630. William Ainsworth and Amanda McCaskill   Aug. 21, 1850
       Richard Ainsworth, Bondsman
       W. B. Chandler, Judge (Simpson Co.)

631. Jeddiah Neal and Sarah Mallet   Aug. 28, 1850
       William Boon, Bondsman
       W. S. Swilley, J. P.

632. Hugh McLean and Edny Tatum   Aug. 28, 1850
       N. W. Slay, Bondsman
       James A. Sturgis, J. P.

633. James M. Smith and Ann J. Brackin   Sep. 5, 1850
       Daniel Matheney, Bondsman
       B. Gresham, J. P.

634. James Rogers and Virginia Howell   Sep. 4, 1850
       James P. Whittington, Bondsman
       James A. Sturgis, J. P.

635. J. M. Cox and Pamelia Carney   Sept. 5, 1850
       Robert R. Wolfe, Bondsman
       James A. Sturgis, J. P.

636. Eli Graves and Eliza Kerkly   Sep. 18, 1850
       John J. Wilson, Bondsman
       W. F. Green, M. G.

637. William Thomas and Malinda A. Walker   Sep. 24, 1850
       John Oliver, Bondsman
       Henry H. Guynes, M. B. P.

638. Benjamin W. White and Ellen McNabb   Sep. 26, 1850
       John C. Parker, Bondsman
       G. W. Furr, J. P.

MARRIAGE RECORDS, COPIAH COUNTY, MISSISSIPPI 39

639. John L. Scott and Mary C. McLaurin   Oct. 3, 1850
     Calvin Blue, Bondsman
     J. Millsaps, Judge

640. Elisha B. Miller and Mary A. J. Thompson   Oct. 15, 1850
     William B. Minton, Bondsman
     J. Millsaps, Judge

641. Cyrus P. Swinney and Martha E. G. Harper   Oct. 13, 1850
     Nicholas Hayman, Bondsman
     R. A. Sibley, J. P.

642. Thomas Barron and Frances M. Sandifer   Oct. 24, 1850
     J. M. Layne, Bondsman
     B. Gresham, J. P.

643. Elisha Summerall and Margaret F. Corley   Oct. 24, 1850
     W. T. Jenkins, Bondsman
     W. F. Green, M. G.
     (Amanda)

644. J. P. Whittington and Miranda C. Harrison   Oct. 27, 1850
     J. M. Evans, Bondsman
     Henry Hennington

645. Thomas Ramsey and Rebecca Womack   Oct. 31, 1850
     John Guynes, Bondsman
     H. H. Guynes, M.B.P.

646. Tillman H. Murray and Tibatha Smith   Oct. 30, 1850
     Elias Smith, Bondsman
     B. Gresham, J. P.

647. Moses S. Goff and Francis A. Keller   Nov. 6, 1850
     E. Ferguson, Bondsman
     E. Douglass, J. P.

648. David R. Fleming and Rebecca Murray   No return
     Issued Nov. 7, 1850
     Tillman Murray, Bondsman

MARRIAGE RECORDS, COPIAH COUNTY, MISSISSIPPI 41
BOOK "C" PAGES 1-644, NOV. 12, 1850-FEB. 12, 1859

PAGE NO.	GROOM AND BRIDE	BONDSMAN	DATE

1. John F. Corley and Eliza Harris Nov. 12, 1850
    M. B. Keith, Bondsman
    L. Ercanbracke

2. David Carraway and Emeline Ervin Nov. 17, 1850
    Henry Ervin, Bondsman
    Wm. Mullins

3. James H. Smith and Margaret Broom Nov. 22, 1850
    J. L. Randall, Bondsman
    W. S. Swilley

4. Thomas L. Holliday and Harriet E. Catchings Nov. 27, 1850
    John N. Montgomery, Bondsman
    E. N. Tally

5. Christian Nelson and Hetty Vickers Dec. 6, 1850
    Elmer Vickers, Bondsman
    Elisha Douglass, J. P.

6. Allen B. Jenkins and Margaret E. Ellis Dec. 11, 1850
    Jacob K. Hill, Jr., Bondsman
    M. T. Conn, M. G.

7. W. F. Green and Amanda Wright Dec. 9, 1850
    J. H. Selman, Bondsman
    Wm. Mullins

8. Abraham Walters and Susan James Dec. 17, 1850
    John A. James, Bondsman
    Alfred Peck, J. P.

9. Green H. Strahan and Elizabeth Summerall Dec. 19, 1850
    Jesse Holmes, Bondsman
    James A. Sturgis, J. P.

10. Cornelius Oatis and Nancy Wheeler Dec. 19, 1850
    John R. Ryan, Bondsman
    R. A. Sibley, J. P.

11. Willis B. Callender and Elisabeth Meynard Dec. 19, 1850
    Adam Newton, Bondsman
    E. W. Furr, J. P.

12. Aaron B. Lowe and Rebecca S. Strong Dec. 19, 1850
    Hugh Dunning, Bondsman
    W. F. Green, M. G.

MARRIAGE RECORDS, COPIAH COUNTY, MISS.

13. Clinton Atkinson and Elenor S. West   Dec. 18, 1850
     Martin A. West, Bondsman
     Lewis A. Sims, M. G.

14. Jesse C. Smith and Arrena Ryal   Dec. 23, 1850
     S. J. Johnson, Bondsman
     H. H. Guynes, M. B. P.

15. Thomas G. Ervin and Martha Ann Summerall   Dec. 24, 1850
     H. P. Ervin, Bondsman

16. Isaac N. Edwards and Brentha F. Norman   Dec. 26, 1850
     P. K. Coor, Bondsman
     E. Gresham, J. P.

17. Elijah Holmes and Samantha Black   Dec. 26, 1850
     Wm. G. Black, Bondsman
     James A. Sturgis, J. P.

18. Samuel P. Barron and Cornelia A. Keithley   Jan. 7, 1851
     Columbus Reid, Bondsman
     Isaac Muse, M. G.

19. Calvin J. Windham and Sarah R. Womack   Dec. 31, 1850
     James Hopkins, Bondsman
     James A. Sturgis, J.P.

20. N. B. Gates and Sarah J. Fulgham   Jan. 1, 1851
     R. G. Gates, Bondsman

21. Dabney S. Terry and Matilda Ashley   No return
     Issued Dec. 30, 1850
     E. M. Ashley, Bondsman

22. T. Taylor and Mary C. McMahan   Jan. 4, 1851
     John H. Davis, Bondsman
     B. Leggett, M. G.

23. Allen W. Case and Margaret Newton   Jan. 9, 1851
     David Newton, Bondsman
     G. W. Furr, J. P.

24. Jabeze H. Nixon and Margaret Browning   Jan. 8, 1851
     F. J. Funchess, Bondsman
     D.A.J. Parker

MARRIAGE RECORDS, COPIAH COUNTY, MISSISSIPPI

25. Franklin Bridges and Angeline Sandifer   Jan. 8, 1851
         Jackson Entrican, Bondsman
         B. Gresham, J. P.

26. Jackson Entrican and Amanda Tyler   Jan. 8, 1851
         Franklin Bridges, Bondsman
         B. Gresham, J. P.

27. Benjamin Tanner and Lucendy Wilson   Jan. 9, 1851
         E. W. Tanner, Bondsman
         Rev. Wm. Thompson

28. Josiah East, Jr. and Laura Austin   Jan. 8, 1851
         Lewis Van, Bondsman
         G. W. Furr, J. P.

29. James F. Weeks and Elisabeth McManis   Jan. 16, 1851
         Wyatt Guynes, Bondsman
         H. H. Guynes, M. B. P.

30. William C. Hartley and Elisabeth Gustavus   Jan. 15, 1851
         T. A. Gustavus, Bondsman
         Alfred Peck, J. P.

31. Raymond Roberts and Mahala Wroten   Jan. 22, 1851
         Henry Roberts, Bondsman
         Henry Hennington

32. Reason Swilley and Matilda Little   No return
         Issued Jan. 21, 1851
         Daniel Ship, Bondsman

33. J. P. Rembert and Sarah Jane Holliday   Jan. 29, 1851
         E. B. Taylor, Bondsman
         J. Millsaps, Judge

34. William J. Brown and Arminta Shamburger   Jan. 28, 1851
         John W. Shamburger, Bondsman
         James A. Sturgis, J. P.

35. Jeremiah H. Vardaman and Sarah E. Cole   Jan. 31, 1851
         J. Vardaman, Bondsman
         Daniel Leggett, M. G.

36. Moses M. Curtis and Lucretia Haley   Jan. 30, 1851
         Frank Sturgis, Bondsman
         R. A. Sibley, J. P.

37. John McIntosh and Martha Morgan   Feb. 6, 1851
         Wm. M. Morgan, Bondsman
         L. Ercanbrack

MARRIAGE RECORDS, COPIAH COUNTY, MISS.

38. William C. Kilpatrick and Sarah E. Edwards Feb. 6, 1851
    Claiborne Graves, Bondsman
    J. Millsaps, Judge

39. Sylvester E. Ashley and Milly Farmer Feb. 15, 1851
    Simon Farner, Bondsman
    H. H. Guynes, M. B. P.

40. John Foxworth and Mary E. Rawls Feb. 18, 1851
    John H. Seibe, Bondsman
    J. Millsaps, Judge

41. P. H. Mitchell and Mrs. Emily J. Miller Feb. 27, 1851
    O. F. McCarty, Bondsman
    W. H. Taylor

42. Jesse W. Miller and Pricilla Wainwright Mar. 4, 1851
    Lewis Woods, Bondsman
    Alfred Peck, J. P.

43. Daniel Shipp and Meranda Guynes Mar. 16, 1851
    Reason Swilley, Bondsman
    H. H. Guynes, M. B. P.

44. Joseph Noble and Mrs. Sarah Perkins Mar. 23, 1851
    S. F. Smith, Bondsman
    E. Douglass, J. P.

45. James G. Bailey and Mrs. Sarah A. Leach Apr. 3, 1851
    William F. Davis, Bondsman
    Wm. Mullins

46. F. W. Simmons and Elisabeth Ryan Apr. 12, 1851
    J. I. Ryan, Bondsman
    R. A. Sibley, J. P.

47. Thomas Bell and Emily Gresham Apr. 16, 1851
    John Bell, Bondsman
    B. Gresham, J. P.

48. Preston Trim and Ruth Goodwin Apr. 22, 1851
    John Moody, Bondsman
    Alfred Peck, J. P.

49. Reuben M. Beasley and Nancy C. Crawford Apr. 24, 1851
    J. A. J. Crawford, Bondsman

50. H. M. Middleton and Anna Farmer June 19, 1851
    E. D. Brown, Bondsman
    H. H. Guynes, M. B. P.

MARRIAGE RECORDS, COPIAH COUNTY, MISSISSIPPI

51. Daniel R. Williams and Nancy Ann Davis Apr. 22, 1851
        Andrew J. Wheat, Bondsman
        J. Millsaps, Judge

52. James Tiner and Susanna Fortenberry May 1, 1851
        Wesley Lilley, Bondsman
        R. C. Cockran, J. P.

53. James L. Cade and Phiby Tyler May 7, 1851
        K. Sistrunk, Bondsman
        B. Gresham, J. P.

54. James C. Smith and Matilda Cox May 8, 1851
        John J. Underwood, Bondsman
        J. A. Sturgis, J. P.

55. W. F. Bickham and Sarah Jane Warren June 15, 1851
        G. W. Warren, Bondsman
        R. A. Sibley, J. P.

56. Green B. Harrison and Amanda P. Gunnels June 17, 1851
        Thos. J. Kamsus, Bondsman
        H. H. Guynes, M. B. P.

57. Stephen Smith and Mary Jane Renfrow July 3, 1851
        Alfred Renfrow, Bondsman
        G. W. Furr, J. P.

58. Miles E. Newton and Emaline Starnes June 30, 1851
        W. C. Starnes, Bondsman
        D. Leggett, M. G.

59. Barney O. Sweeny and Lucinda Shaw July 3, 1851
        W. J. Wheeler, Bondsman
        R. A. Sibley, J. P.

60. Benjamin Thomas and Martha E. Ramsey July 16, 1851
        James H. Bozeman, Bondsman
        H. H. Guynes, M. B. P.

61. S. P. Ferguson and Samantha Brown Aug. 3, 1851
        A. F. Rymes, Bondsman
        B. Gresham, J. P.

62. J. M. Payne and Catherine Pace July 24, 1851
        E. W. Corley, Bondsman
        J. Millsaps, Judge

63. Adam Johns and Martha Jane Ballow July 21, 1851
        Tenon Jeanes, Bondsman
        Alfred Peck, J. P.

MARRIAGE RECORDS, COPIAH COUNTY, MISS.

64. Herman B. Mayes and Charity Barlow   July 29, 1851
        E. D. Brower, Bondsman
        J. Millsaps, Judge

65. George Smith and Celia Ann Deford   Aug. 7, 1851
        Jesse Temple, Bondsman
        R. A. Sibley, J. P.

66. Hugh James and Cynthia Farmer   Aug. 14, 1851
        Wm. Farmer, Bondsman
        H. H. Guynes, M. B. P.

67. Blank

68. Harvey W. Johnson and Elvira Evans   Aug. 12, 1851
        William C. Newton, Bondsman
        Daniel Leggett, M. G.

69. Thomas Bell and Mary E. Riley   Aug. 14, 1851
        Isiah Evans, Bondsman
        James A. Sturgis, J. P.

70. Andrew J. Austin and Amanda Emily Ratcliff   Aug. 21, 1851
        Joseph G. Ratcliff, Bondsman
        G. W. Furr, J. P.

71. Jeremiah Palmer and Mary Jane Chance   Aug. 21, 1851
        Eli Chance, Bondsman
        R. A. Sibley, J. P.

72. John M. Brown and Lovina Deaton   Aug. 28, 1851
        Pinkney Deaton, Bondsman
        R. C. Cochran, J. P.

73. Richard Shearin and Mrs. Susan Funchess   Aug. 28, 1851
        D.K. Coor, Bondsman
        D. Ercanbrack

74. Allen J. Gibson and Rebecca Whiterker   Sep. 1, 1851
        E. G. Lewis, Bondsman
        J. Millsaps, Judge

75. Michael T. Pitts and Amanda Purser   Sep. 9, 1851
        Wm. Higdon, Bondsman
        Alfred Peck, J. P.

76. Isiah Evans and Levina Brown   No return
        Issued Sep. 29, 1851
        Joel F. Evans, Bondsman

MARRIAGE RECORDS, COPIAH COUNTY, MISSISSIPPI

77. William D. Dodds and Mrs. Mary E. Maxwell   Oct. 14, 1851
         Emsley D. Brower, Bondsman
         Wm. Mullins

78. William C. Hedrick and Emily Perkins   Oct. 15, 1851
         Frank Sturgis, Bondsman
         D. Escanbrack

79. B. C. Foster and Pricilla Ford   Oct. 28, 1851
         T. G. Ford, Bondsman
         W. H. Taylor

80. R. T. Hennington and Mary E. Black   Oct. 23, 1851
         Wm. Black, Bondsman
         James A. Sturgis, J. P.

81. John W. Cruise and Elisabeth Lewis   Oct. 30, 1851
         R. Ford, Bondsman
         John Wright

82. Burel Moody and Nancy Smith   Nov. 12, 1851
         John Dungan, Bondsman
         B. Leggett, M. G.

83. B. F. Rogers and Tabitha D. Scott   Nov. 12, 1851
         H. Smith, Bondsman
         L. Ercanbrack,

84. John Moody and Caroline Hall   Nov. 17, 1851
         S. D. Smith, Bondsman
         D. Leggett, M. G.

85. John W. Hennington and Margaret A. Carney   Nov. 19, 1851
         M. Cook, Bondsman
         Henry Hennington

86. E. L. Norman and Matilda A. Bridges   Nov. 27, 1851
         W. B. Brent, Bondsman
         J. W. Welborn

87. Samuel T. Middleton and Martha A. Osteen   Dec. 2, 1851
         W. H. Allen, Bondsman
         Sterling G. Jenkins, J. P.

88. Benajah S. Jenkins and Susan Donahoe   Nov. 26, 1851
         Z. J. Finley, Bondsman
         Sterling G. Jenkins, J. P.

89. John Heath and Mary M. Stewart   Nov. 27, 1851
         Stephen Heard, Bondsman
         J. Millsaps, Judge

MARRIAGE RECORDS, COPIAH COUNTY, MISS.

90. Nathan Morris and Pracilla Carter   Dec. 16, 1851
    J. E. Wilson, Bondsman
    Sterling G. Jenkins, J. P.

91. Thomas M. Scott and Martha Ann Thomas   Dec. 18, 1851
    O. McCall, Bondsman
    E. Douglas, J. P.

92. Madison G. Norman and Mary E. Crawford   Dec. 24, 1851
    Jackson Millsaps, Bondsman
    Henry Hennington

93. John Temple and Mrs. Sarah E. Kilpatrick   Dec. 28, 1851
    R. T. Coleman, Bondsman
    J. Millsaps, Judge

94. John J. Furr and Margaret L. Beacham   Jan. 1, 1852
    Thos. N. Beacham, Bondsman
    J. Millsaps, Judge

95. John R. Smith and Martha J. McDaniel   Dec. 29, 1851
    John A. Whitten, Bondsman
    G. W. Furr, J. P.

96. James W. Pierce and Nancy M. Edwards   Jan. 6, 1852
    Isaac Smith, Bondsman
    J. Millsaps, Judge

97. A. S. Toumbs and Rutha Farmer   No return
    Issued Jan. 6, 1852
    James Toumbs, Bondsman

98. Wm. M. Robertson and Harriet Perkins   Jan. 8, 1852
    J. R. Perkins, Bondsman
    J. Millsaps, Judge

99. Richard E. Manning and Elisabeth Peavy   Jan. 8, 1852
    Berry Peavy, Bondsman
    J. M. Hopkins, J. P.

100. Martin Ballow and Emaline O'Neil   Jan. 15, 1852
    H. O'Neal, Bondsman
    Alfred Peck, J. P.

101. William Smith and Martha J. Beall   Jan. 21, 1852
    John Campbell, Bondsman
    Sterling G. Jenkins, J. P.

MARRIAGE RECORDS, COPIAH COUNTY, MISSISSIPPI

102. Pope Ervin and Elisabeth Sumrall Jan. 22, 1852
        Daniel Rawls, Bondsman
        M. T. Conn, M. G.

103. L. N. Cato and Elisabeth Breland Jan. 26, 1852
        Jackson Millsaps, Bondsman
        Alfred Peck, J. P.

104. Conoway Smith and Martha Case Jan. 30, 1852
        Gilbert Case, Bondsman
        Rev. Wm. Thompson

105. John J. Wilson and Anna Jane Carter Feb. 3, 1852
        Daniel McCalip, Bondsman
        M. T. Conn, M. G.

106. James H. Bozeman and Harriet Taylor Feb. 4, 1852
        T. D. Yates, Bondsman
        T. J. Ramsey, M. B. P.

107. William G. Alexander and Eleanor J. Martin Feb. 5, 1852
        Warren Massey, Bondsman
        J. Millsaps, Judge

108. Charles M. Guess and Sarah E. Jordan Feb. 7, 1852
        J. B. Jordan, Bondsman
        Wm. Mullins, M. G.

109. Wesley Lilly and Mrs. Mary Jordan Feb. 18, 1852
        J. J. Ford, Bondsman
        Sterling J. Jenkins, J. P.

110. F. J. Funchess and Mary Stackhouse Feb. 19, 1852
        J. J. Ford, Bondsman
        M. T. Conn, M. G.

111. Jesse W. Cobb and Martha Nix Mar. 11, 1852
        Joseph D. Miller, Bondsman
        J. Millsaps, Judge

112. David Kinabrew and Francis M. Bell Mar. 18, 1852
        Warren Massey, Bondsman
        Sterling J. Jenkins, J. P.

113. Allen H. Burk and Nancy Rogers Mar. 28, 1852
        Gilbert Ransifer, Bondsman
        B. Gresham, J. P.

MARRIAGE RECORDS, COPIAH COUNTY, MISS.

114. W. T. Jenkins and E. A. Dodds   Apr. 14, 1852
    D. L. Rawls, Bondsman
    M. T. Conn, M. G.

115. Joel P. Swenny and Nancy Hartley   Apr. 2, 1852
    J. G. Hudnall, Bondsman
    Alfred Peck, J. P.

116. James P. Ferguson and Elizabeth M. Tyler   Apr. 22, 1852
    Wm. Haley, Bondsman
    Henry Hennington,

117. Alexander Murray and Adaline Carpenter   May 5, 1852
    Tillman H. Murray, Bondsman
    William Cammack, J. P.

118. Lott Bailey and Nancy Jane Thompson   May 12, 1852
    Benjamin Crawford, Bondsman
    E. Douglass, J. P.

119. Hugh Dunning and Mrs. E. M. Davenport   May 27, 1852
    L. B. Harris, Bondsman
    Sterling G. Jenkins, J. P.

120. Geo. W. Ballard and Elizabeth Hicks   June 4, 1852
    Coleman Swell, Bondsman
    R. C. Cockran, J. P.

121. Richard J. Warren and Nancy H. Loving   June 20, 1852
    John C. Parkes, Bondsman
    S. Wiley, M. G.

122. Richard H. Taliaferro and Malissa A. Brown   June 20, 1852
    M. B. Harris, Bondsman
    Thos. E. Adams

123. William H. Hartley and Ann P. King   June 22, 1852
    Chester Magee, Bondsman
    E. Douglass, J. P.

124. Willis Allgood and Elizabeth J. Smith   July 7, 1852
    Perry Smith, Bondsman
    Wm. Thompson, M. G.

125. D. R. Myers and Lucy Watts   July 21, 1852
    John Watts, Bondsman
    J. Millsaps, Judge

MARRIAGE RECORDS, COPIAH COUNTY, MISSISSIPPI   51

126. Richard Griffin and Elizabeth Lilley   July 29, 1852
            Thomas D. C. Patterson, Bondsman
            R. C. Cockran, J. P.

127. William Renfrow and Emaline Jackson   Aug. 3, 1852
            Brantley Jackson, Bondsman
            G. W. Furr, J. P.

128. John Townsend and Patsy Sullivan   July 29, 1852
            James Hodges, Bondsman
            A. G. Carter, M. B.P.

129. William Shaw and Frances Hartley   Aug. 5, 1852
            B. O. Swiney, Bondsman
            Alfred Peck, J. P.

130. Edwin Burnley and Mariah L. Baxter   Aug. 4, 1852
            J. C. Wade, Bondsman
            Thomas B. Adams

131. George W. McVay and Mary S. Pevey   Aug. 18, 1852
            Berry Pevey, Bondsman
            Rev. J. G. Lee

132. Mark Wade and Elizabeth Monroe   Aug. 23, 1852
            E. D. Brower, Bondsman
            R. C. Cockran, J. P.

133. Benjamin F. Hedrick and Isabella E. Davis Sept. 2, 1852
            W. F. Davis, Bondsman
            E. Douglas, J. P.

134. William F. Cassity and Sireny Worley   no return
            Issued Sept. 1, 1852
            Howell Ryan, Bondsman

135. Samuel Bridges and Mary O. Barnes   Sept. 8, 1852
            D. D. Invin, Bondsman
            J. A. Light, M. G.

136. William W. Gillis and Margaret H. Matheny Sept. 9, 1852
            Joseph L. Lewis, Bondsman
            J. Millsaps, Judge

137. B. L. Jordan and Amanda O.C. Nix   Sept. 9, 1852
            E. C. Jordan, Bondsman
            Thomas J. Wheat, J. P.

138. Samuel Vickers and Elisabeth Kelly   Sept. 16, 1852
     Benjamin Vickers, Bondsman
     D. Leggett, M. G.

139. L. Ercanbrack and H. L. Freeman   Oct. 3, 1852
     J. Millsaps, Bondsman
     Thomas Owens

140. Simon Farmer and Sarah Tradewell   Sept. 28, 1852
     E. D. Brower, Bondsman
     G. W. Furr, J. P.

141. John L. McManus and Anna Jane Gresham   Sept. 30, 1852
     H. B. Gresham, Bondsman
     B. Gresham, J. P.

142. S. S. Starnes and Eveline Allen   Oct. 7, 1852
     Charles Adams, Bondsman
     L. Wiley, M. G.

143. D. G. Perryman and Frances E. Farris   Oct. 7, 1852
     William Aills, Bondsman
     L. B. Holloway, M. G.

144. S. J. M. Bullock and Amanda McVay   Oct. 14, 1852
     John Watts, Bondsman
     J. Millsaps, Judge

145. James James and Mary Ann Thompson   Oct. 16, 1852
     Tenor James, Bondsman
     Alfred Peck, J. P.

146. Wm. L. Costley and Catharine Johnson   Oct. 21, 1852
     J. Millsaps, Bondsman
     H. Hennington

147. John C. Wilkins and Mrs. Mary Ann A. Conner Oct. 26, 1852
     H. C. Smith, Bondsman
     Sterling G. Jenkins, J. P.

148. Charles B. H. Oatis and Ann L. Ryan   Oct. 28, 1852
     Isaac Ryan, Bondsman
     R. C. Cockran, J. P.

149. Allen L. Stewart and Martha Ann Johnson   Nov. 2, 1852
     Jackson Millsaps, Bondsman
     Henry Hennington

150. Nathan Patrick and Mrs. Charity Graves   Nov. 4, 1852
     E. D. Brower, Bondsman
     L. Wiley, M. G.

MARRIAGE RECORDS, COPIAH COUNTY, MISSISSIPPI

151. Joseph Brooks and Permelia Holden   Nov. 7, 1852
         Josiah Going, Bondsman
         Thomas J. Ramsey, M. B. P.

152. Edmon C. Jordan and Elisabeth Jordan   Jan. 6, 1853
         W. H. Jordan, Bondsman
         D. W. Furr, J. P.

153. Stephen J. Allen and Mary Smith   Nov. 23, 1852
         M. Cook, Bondsman
         R. C. Cockran, J. P.

154. E. D. Boatright and Tenala A. Tyler   Nov. 25, 1852
         Joel F. Evans, Bondsman

155. Alfred A. Powell and Mildred B. Stubbs   Nov. 27, 1852
         Ed Powell, Bondsman
         W. H. Taylor

156. William A. Harmon and Mary Ann O'steen   Dec. 2, 1852
         M. Cook, Bondsman
         Sterling G. Jenkins, J. P.

157. Elbert Norman and Adaline Hamilton   Dec. 2, 1852
         John Beasley, Bondsman
         E. N. Talley

158. John R. Perkins and Mary A. Decell   Dec. 2, 1852
         T. G. Decell, Bondsman
         Wm. Mullins, M. G.

159. James W. Kelley and Amanda J. Shelton   Dec. 16, 1852
         E. Ferguson, Bondsman
         E. Douglass, J. P.

160. Henry O'Neal and Hannah Anderson   Dec. 16, 1852
         E. K. Davis, Bondsman
         Alfred Peck, J. P.

161. James Murray and Margaret E. Davis   Dec. 15, 1852
         Alexander Murray, Bondsman
         T. J. Ramsey, M. B. P.

162. Thomas A. Holliday and Nancy Ellis   Dec. 22, 1852
         L. W. Ellis, Bondsman
         J. Millsaps, Judge

163. John N. Beasley and Sarah F. Cammack   Dec. 23, 1852
         B. H. Martin, Bondsman
         Paul W. Harper

MARRIAGE RECORDS, COPIAH COUNTY, MISS.

164. C. R. Rians and Louisa C. Guess   Dec. 23, 1852
      E. M. Ashley, Bondsman
      T. J. Ramsey, M.B.P.

165. William H. Watson and Melissa Rembert   Dec. 23, 1852
      G. R. Granberry, Bondsman
      Wm. Mullins, M. G.

166. Edward N. Watson and Jemimah J. Warren   Dec. 23, 1852
      G. R. Granberry, Bondsman
      Wm. Mullins, M. G.

167. Jamerson Ellington and Mary L. Redus   Dec. 22, 1852
      Wm. McQueen, Bondsman
      John C. Wade, M. B. P.

168. Enos Harlan and Mrs. Lucinda Dungan   Dec. 26, 1852
      John F. Hartley, Bondsman
      Wm. Mullins, M. G.

169. John H. Sistrunk and Susannah A.A.B.McNeill Dec.27, 1852
      John McNeill, Bondsman
      H. Hennington

170. Paul W. Harper and Lucy Hicks   Dec. 30, 1852
      John C. Sexton, Bondsman
      R. C. Cockran, J. P.

171. William F. Davis and Laura J. Douglass   Dec. 30, 1852
      W. F. Gilbert, Bondsman
      E. Douglas, J. P.

172. John W. Kennedy and Sarah Hamilton   Jan. 3, 1853
      T. T. Brian, Bondsman
      T. J. Ramsey, M.B.P.

173. David Cogdell and Caroline Hilbun   Jan. 3, 1853
      G. W. Kilcrease, Bondsman
      T. J. Ramsey, M. B. P.

174. Abraham Beasley and Rebecca J. Swilley   Jan. 6, 1853
      W. S. Swilley, Bondsman
      Wm. Cammack, J. P.

175. Evan T. Jones and Susan A. Morgan   Jan. 6, 1853
      D. M. Murrah, Bondsman
      J. Millsaps, Judge

176. Elijah Conklin and Mellisa Ann Hughes   Jan. 31, 1853
      D. Gaddy, Bondsman
      W. J. Willing, M. B. P.

MARRIAGE RECORDS, COPIAH COUNTY, MISSISSIPPI

177. Thomas C. Murphy and Mary E. Fulgham   Jan. 27, 1853
     N. B. Yates, Bondsman
     W. H. Taylor

178. P. J. Young and Levena Brown   Jan. 19, 1853
     T. Washington Brown, Bondsman
     B. Gresham, J. P.

179. Everet L. Floyd and Leavony Simmons   Jan. 23, 1853
     Wm. Furgerson, Bondsman
     E. Douglas, J. P.

180. John N. Barlow and Matilda J. Stanfill   Jan. 27, 1853
     J. M. Stanfill, Bondsman
     J. Millsaps, Judge

181. William J. Barlow and Mary A.E. Stanfill   Jan. 27, 1853
     J. M. Stanfill, Bondsman
     J. Millsaps, Judge

182. Isaiah James Watson and Nancy E. Bailey   Jan. 27, 1853
     Jesse Speer, Bondsman
     R. C. Cochran, J. P.

183. A. N. Whitaker and Mrs. Mary Murray   no return
     Issued Feb. 5, 1853
     M. A. West, Bondsman

184. Charles E. Slocum and Elisabeth McDaniel   Feb. 7, 1853
     Jackson Millsaps, Bondsman
     G. W. Furr, J. P.

185. W. W. Newsom and Abeline Crawford   Feb. 10, 1853
     S. J. Crawford, Bondsman
     J. Millsaps, Judge

186. William D. Maples and Sarah Futch   Feb. 11, 1853
     Jesse W. Butler, Bondsman
     Daniel Leggett, M. G.

187. Seth G. Mullins and Sarah C.B. Tillman   Feb. 16, 1853
     L. H. Tillman, Bondsman
     Wm. Mullins, M. G.

188. A. M. Laird and Malinda Ramsey   Feb. 17, 1853
     T. J. Ramsey, Bondsman
     T. J. Ramsey, M. B. P.

189. James Sullivan and Mrs. Lidy Price   Mar. 3, 1853
     James Hodges, Bondsman
     Sterling G. Jenkins, J. P..

190. T. A. Hudnall and Mary Ann Shaw   Feb. 20, 1853
        Willis Hudnall, Bondsman
        J. Millsaps, Judge

191. James M. Pierce and Mrs. Malinda Cook   Feb. 24, 1853
        John Dunbar, Bondsman
        E. Douglass, J. P.

192. James Green and Leveny Hennington   Mar. 10, 1853
        M. Jacobs, Bondsman
        N. M. Currie, M. G.

193. Joseph Bloom and Libbey Mobley   Mar. 24, 1853
        N. W. Francis, Bondsman
        R. C. Cochran, J. P.

194. Samuel Vance and Martha C. Ferguson   Mar. 20, 1853
        Wm. Ferguson, Bondsman
        E. Douglas, J. P.

195. Franklin M. Martin and Sarah E. Freeman   no return
        Issued March 22, 1853
        W. L. Ainsworth, Bondsman
        not executed on account of lady
        refused to marry the man

196. David T. Segrist and Martha L. Davis   Mar. 31, 1853
        Wm. F. Davis, Bondsman
        E. Douglas, J. P.

197. Samuel B. Knight and Ann Smith   Mar. 30, 1853
        W. M. Deason, Bondsman
        J. Millsaps, Judge

198. John B. Crump and Ann Trawick   Apr. 7, 1853
        Peter D. Trawick, Bondsman
        Geo. H. Barrett, M. G.

199. Benjamin P. Middleton and Sarah Beasley   Apr. 14, 1853
        Lewis Beasley, Bondsman
        T. J. Ramsey, M. B. P.

200. Granberry Britt and Mrs. Susan Newell   Apr. 27, 1853
        John B. Newell, Bondsman
        E. Douglass, J. P.

201. Berry Pevey and Rebecca Johnson   Apr. 28, 1853
        H. T. Hughes, Bondsman
        John W. Hopkins, J. P.

MARRIAGE RECORDS, COPIAH COUNTY, MISSISSIPPI

202. John Moore and Exapangus Rogers   May 26, 1853
         David Smith, Bondsman
         Geo. H. Barrett, M. G.

203. James H. Marshall and Ann J. McManus   May 17, 1853
         R. H. McManus, Bondsman
         B. Gresham, J. P.

204. Rufus K. McManus and Lucy Farmer   May 31, 1853
         John B. Middleton, Bondsman
         T. J. Ramsey, M. B. P.

205. Samuel Walker and Harriet L. McManus   Jun. 12, 1853
         John B. Middleton, Bondsman
         T. J. Ramsey, M. B. P.

206. Hugh F. Ervin and Elvin Freeman   July 3, 1853
         S. D. Sojourner, Bondsman
         L. Ervanbrack

207. William B. Tillman and Isabella W. Carlas Jun. 26, 1853
         Thomas Tillman, Bondsman
         L. B. Holloway, M. G.

208. Joseph Sandifer and Nancy C. Knight   Jun. 27, 1853
         Thomas Knight, Bondsman
         J. Millsaps, Judge

209. David Sheffield and Charity F. Barlow   Not executed
         M. Cook, Bondsman
         Issued July 2, 1853

210. Joseph Ferguson and Miranda Tyler   July 7, 1853
         Jesse W. Ferguson, Bondsman
         B. Gresham, J. P.

211. John C. Wade and Sarah Right   July 21, 1853
         E. D. Brower, Bondsman
         J. Millsaps, Judge

212. John Nicholson and Nancy Roberts   July 28, 1853
         Wm. Adams, Bondsman
         T. J. Ramsey, M. B. P.

213. Granberry Britt and Miriam Walker   July 27, 1853
         Jackson Millsaps, Bondsman
         G. W. Furr, J. P.

MARRIAGE RECORDS, COPIAH COUNTY, MISS.

214. Joseph B. Chiles and Dorcas B. Anding   July 28, 1853
      W. W. Witherspoon, Bondsman
      Wm. Mullins, M. G.

215. John Warnock and R. J. Miller   Aug. 4, 1853
      D. D. Anding, Bondsman
      A. R. Lum, M. G.

216. A. J. Goforth and Jane E. Furguson   Aug. 2, 1853
      Frank Sturgis, Bondsman
      J. Millsaps, Judge

217. Joseph B. Jones and Mrs. Eliza McNeill   No return
      Benj. King, Bondsman
      Issued Aug. 3, 1853

218. Elijah J. Morse and Elisabeth A. Thetford   Aug. 18, 1853
      Preston Thetford, Bondsman
      Alfred Peck, J. P.

219. John E. Rives and Mary E. Nesmith   Sept. 15, 1853
      Bud Higdon, Bondsman
      H. M. Youngblood, M. G.

220. T. H. Dodds and Nancy Brown   Sept. 7, 1853
      N. L. Guynes, Bondsman
      J. Millsaps, Judge

221. Wiley J. Hughes and Roxy Ann Donahoe   Sept. 15, 1853
      John C. Manning, Bondsman
      Sterling G. Jenkins, J. P.

222. John Scott and Malvina Ann O'Neal   Sep. 13, 1853
      J. G. Hudnall, Bondsman
      G. W. Furr, J. P.

223. Thomas M. Russell and Harriett E. P. Pool   Sep. 29, 1853
      Joseph T. P. Pool, Bondsman
      Daniel Leggett

224. Gilbert E. Jackson and Mrs. Mary J. Smith   Sep. 29, 1853
      William Renfro, Bondsman
      E. W. Furr, J. P.

225. Joseph E. Gurly and Mahala A. Ross   Oct. 6, 1853
      M. Young, Bondsman
      B. Gresham, J. P.

226. James W. Goza and Palina Walker   Oct. 11, 1853
      Thos. Jones, Bondsman
      S. W. Goza, M. G.

MARRIAGE RECORDS, COPIAH COUNTY, MISSISSIPPI   59

227. Daniel E. Sheffield and Lucinda Rogers   Oct. 13, 1853
    Lewis Philps, Bondsman
    M. T. Conn, M. G.

228. S. J. Fleming and Elisabeth Mattingly   Oct. 19, 1853
    M. G. Norman, Bondsman
    T. J. Ramsey, M. B. P.

229. Samuel Barron and Araminta B. Buie   Oct. 12, 1853
    Elbert Guynes, Bondsman
    B. Gresham, J. P.

230. Martin W. Sojourner and Amanda E. Sandifer   Oct. 19, 1853
    F. W. Sojourner, Bondsman
    B. Gresham, J. P.

231. Micajah Gustavus and Mrs. Lucy Newsom   Oct. 24, 1853
    Wm. Gustavus, Bondsman
    Wm. Mullins, M. G.

232. Nathaniel B. Goza and Mary Fife   Oct. 23, 1853
    Wm. Gustavus, Bondsman
    Geo. W. Goza, Local Decon

233. Joseph L. Lewis and Malora J. Lowe   No return
    E. G. Lewis, Bondsman
    Issued Oct. 24, 1853

234. Moses McLemore and Eliza Kirkley   Oct. 26, 1853
    T. J. Lilley, Bondsman
    S. G. Jenkins, J. P.

235. James Bridges and M. C. Alford   Oct. 27, 1853
    M. B. Harris, Bondsman
    J. Millsaps, Judge

236. Edwin R. Davis and Caroline A. Cato   Oct. 30, 1853
    E. F. Mullins, Bondsman
    Benj. F. Granberry, M. B. P.

237. Thomas Carlisle and Rachael Price   Nov. 6, 1853
    C. R. Price, Bondsman
    A. R. Lum

238. Michael Kelly and Mrs. Franky Ragsdale   Nov. 6, 1853
    J. B. Crump, Bondsman
    Wm. Camack, J. P.

MARRIAGE RECORDS, COPIAH COUNTY, MISS.

239. Joseph Price, Jr. and Hela Hendry   Nov. 10, 1853
        Wm. Strahan, Bondsman
        J. Millsaps, Judge

240. Jerome B. Hall and Mrs. Frances Cason   Nov. 14, 1853
        Andrew Wooten, Bondsman
        W. H. Gordon, J. P.

241. N. L. Guynes and Elisabeth Ramsey   Nov. 16, 1853
        (?) Y). B. Walden, Bondsman
        Thos. J. Dodds, J. P.

242. George Dungan and Mrs. Elisabeth J. Cooper Nov. 18, 1853
        John P. Burnett, Bondsman
        Wm. Ellis, J. P.

243. Leroy Parker and Loramy J. Black   Nov. 23, 1853
        Jesse W. Black, Bondsman
        E. W. Corley, J. P.

244. Eli G. Lewis and Isabella S. Strong   Nov. 29, 1853
        W. H. Carter, Bondsman
        Thos. J. Spencer, M. B. P.

245. Matthew Marshall and Mrs. Elizabeth Kyle   Nov. 29, 1853
        D. K. Coor, Bondsman
        M. T. Conn, M. G.

246. George W. Ashley and Ady Dew   Dec. 6, 1853
        E. M. Ashley, Bondsman
        A. R. Lum, M. G.

247. William V. Gustavus and Lydia M. Trim   Dec. 8, 1853
        Wm. G. Barley, Bondsman
        G. W. Goza

248. William B. Brent and Louisa McKnight   Dec. 15, 1853
        A. B. Thompson, Bondsman
        Isaac Muse, M. G.

249. H. C. Woods and Mary J. McLemore   Dec. 20, 1853
        R. J. Williams, Bondsman
        Wm. Ellis, J. P.

250. Daniel Word and Mrs. Partheny Welch   Dec. 18, 1853
        A. B. Linder, Bondsman
        T. H. Dodds, J. P.

MARRIAGE RECORDS, COPIAH COUNTY, MISSISSIPPI   61

251. Charmer Price and Mary E. Neasom   Dec. 22, 1853
        J. W. Harper, Bondsman
        John Terry, J. P.

252. F. M. Young and Sarah Gresham   Dec. 22, 1853
        B. Gresham, Bondsman
        T. H. Dodds, J. P.

253. Thomas Chapman and Susannah D. Wilson   No return
        A. E. Wilson, Bondsman
        Issued Dec. 21, 1853

254. Monroe Hughes and Mary E. Donahoe   Dec. 22, 1853
        Enos Donahoe, Bondsman
        J. W. Miller, J. P.

255. Absolom Sandifer and Acalin C. Sandifer   Dec. 28, 1853
        W. R. Sandifer, Bondsman
        J. Millsaps, Judge

256. Bailey Smith and Sarah E. Bailey   Dec. 27, 1853
        E. P. Bailey, Bondsman
        J. Millsaps, Judge

257. Andrew White and Mrs. Phebe Donahoe   Dec. 29, 1853
        Martin A. West, Bondsman
        A. L. Potter, M. G.

258. Allen J. Kersh and Margaret E. Kersh   Jan. 2, 1854
        A. A. Wimberly, Bondsman
        J. Millsaps, Judge

259. Carroll J. Carter and Juriah McLemore   Jan. 2, 1854
        Moses McLemore, Bondsman
        J. W. Miller, J. P.

260. Raymond Tillman and Sarah Wroten   Jan. 9, 1854
        Jackson Millsaps, Bondsman
        Henry Hennington

261. Edward L. Penn and Mrs. Sarah Harrington Jan. 10, 1854
        Sor L. Ramsey, Bondsman
        J. W. Miller, J. P.

262. Samuel B. Redus and Rebecca Jane Martin   Jan. 12, 1854
        S. B. Knight, Bondsman
        W. A. Landers, J. P.

263. James Hodges and Martha Whitehead   Jan. 12, 1854
       Warren Massey, Bondsman
       J. W. Miller, J. P.

264. A. M. Cox and Eveline Dees   Feb. 1, 1854
       J. F. Rimes, Bondsman
       Samuel L. L. Scott, M. G.

265. John Case and Leveny Ratcliff   Feb. 8, 1854
       R. B. Ratcliff, Bondsman
       Wm. Thompson, M. G.

266. Thomas Case and Mary Moore   Feb. 22, 1854
       William Moore, Bondsman
       Wm. Thompson, M. G.

267. J. W. McLure and Charity P. Barlow   Feb. 21, 1854
       W. W. Speed, Bondsman
       Samuel L. L. Scott, M. G.

268. Solomon Fields and Adeline Day   Feb. 21, 1854
       Jackson Millsaps, Bondsman
       J. Millsaps, Judge

269. Benjamin A. Crawford and Mrs. Melissa E. Munn Feb. 21, 1854
       W. S. Tillman, Bondsman
       W. H. Landers, J. P.

270. John G. Strong and Mrs. Rebecca Jackson   Mar. 14, 1854
       John Strong, Bondsman
       Wm. Ellis, J. P.

271. George Hartley and Lucendy Dungan   Mar. 22, 1854
       Joel B. Swinney, Bondsman

272. A. C. Watson and Margaret A. Trawick   Apr. 3, 1854
       Hugh A. Trawick, Bondsman

273. Elijah P. Bailey and Mary A. E. Anding   Apr. 4, 1854
       Seth Applewhite, Bondsman
       W. H. Gordon, J. P.

274. William G. Black and Nancy S. Beacham   Apr. 6, 1854
       Wm. Strahan, Bondsman
       E. W. Corley, J. P.

275. Sampson J. Johnson and Sarah E. Fortenberry May 4, 1854
       E. W. Corley, Bondsman
       J. Millsaps, Judge

MARRIAGE RECORDS, COPIAH COUNTY, MISSISSIPPI   63

276. Marion V. Smith and Mary James   May 5, 1854
         G. W. Furr, Bondsman
         M. J. Bickham, J. P.

277. John Kirkley and Frances Carter   May 17, 1854
         Moses McLemore, Bondsman
         J. W. Miller, J. P.

278. Isaiah S. Randall and Mary E. James   May 18, 1854
         Elihu Price, Bondsman
         W. M. Ellis, J. P.

279. Joseph Price, Sr. and Mrs. Mary Fortenberry May 25, 1854
         Wm. Price, Bondsman
         Paul W. Harper

280. D. M. Griffing and Mary E. Haley   May 25, 1854
         M. M. Curtis, Bondsman
         W. H. Landers, J. P.

281. G. J. Finley and Frances Johnson   June 1, 1854
         Moses Johnson, Bondsman
         M. T. Conn, M. G.

282. Seburn C. Buckley and Talitha Fortenberry June 8, 1854
         O. C. Fortenberry, Bondsman

283. T. C. Warner and Mrs. Anna Nelson   July 1, 1854
         G. W. Warner, Bondsman
         Thomas Simmons, M. G.

284. James Bell and Sarah Ann E. Furgeson   July 4, 1854
         Joseph Furgerson, Bondsman
         John Terry, J. P.

285. John C. Casey and Margaret D. Gordon   Aug. 10, 1854
         Thomas D. Gordon, Bondsman
         J. Millsaps, Judge

286. J. B. S. Armfield and F. A. Moore   Aug. 13, 1854
         M. T. Newton, Bondsman
         Acy L. Potter, M. G.

287. Erastus Wheeler and Mrs. Prudence Hadley Aug. 13, 1854
         F. Purser, Bondsman
         John Terry, J. P.

MARRIAGE RECORDS, COPIAH COUNTY, MISS.

288. Meriday Case and Barbary Anding   Sept. 2, 1854
       George W. Allen, Bondsman
       Rev. W. Thompson, D. D.

289. T. W. Brown and Susan Brown   Sept. 7, 1854
       J. S. Hennington, Bondsman
       W. A. Landers, J. P.

290. John A. Fulgham and Frances E. McDonald   Sept. 14, 1854
       S. J. Allen, Jr., Bondsman
       W. H. Taylor

291. Jenkins H. Welch and Caroline M. Crawford   Sept. 7, 1854
       D. P. Welch, Bondsman
       Henry Hennington

292. Silas Taylor and Mrs. Nancy Tatum   Sept. 11, 1854
       J. M. Bell, Bondsman
       W. H. Gordon, J. P.

293. James B. Olliver and Augusta E. Fairman   Sept. 14, 1854
       J. O. Fairman, Bondsman
       Wm. East, M. G.

294. Pinkney Deaton and Hulday A. Crawford   Sept. 28, 1854
       J. N. Crawford, Bondsman
       W. H. Landers, J. P.

295. Marion Hendrick and Susan Kinnebrew   Oct. 12, 1854
       T. W. Hamilton, Bondsman
       G. W. Hamilton, J. P.

296. George W. Stephens and Mary Garner   Oct. 15, 1854
       J. C. Morton, Bondsman
       R. M. Currie, M. G.

297. J. A. Rimes and Margaret Hamilton   Nov. 8, 1854
       John W. Kennedy, Bondsman
       T. W. Hamilton, J. P.

298. T. H. Nunary and Elzada Temple   No return
       Erwin Strong, Bondsman
       Issued Oct. 16, 1854

299. Young Robertson and Mary Jane McIntosh   Oct. 18, 1854
       John McIntosh, Bondsman
       Asy L. Potter, M. G.

MARRIAGE RECORDS, COPIAH COUNTY, MISSISSIPPI

300. Andrew Brown and Mary Haynes   Oct. 20, 1854
                Carrol Carter, Bondsman
                Wm. Ellis, J. P.

301. C. Cunningham and Julia A. Rowan   Nov. 9, 1854
                M. B. Harris, Bondsman
                J. Millsaps, Judge

302. D. F. Curtis and Elisabeth A. Matheny   Nov. 10, 1854
                S. J. Allen, Bondsman
                Geo. Rea, M. B. P.

303. Thomas E. Millsaps and Susan D. Granberry Nov. 16, 1854
                John M. Watson, Bondsman
                J. Millsaps, Judge

304. Elbert H. Bell and Anna Renno   Nov. 23, 1854
                S. Renno, Bondsman
                John Terry, J. P.

305. Elijah Spell and Catherine Trim   Nov. 23, 1854
                Bud Higdon, Bondsman
                G. W. Coza, L. Deacon

306. James Smith and Susannah Davis   Nov. 23, 1854
                Hosea B. Davis, Bondsman
                A. R. Lum, M. G.

307. A. R. Lum and Mrs. Rebecca Simmons   Nov. 23, 1854
                James Smith, Bondsman
                E. Douglas, J. P.

308. Hugh Anderson and Elisabeth Kinnebrew   Nov. 30, 1854
                S. D. Ramsey, Bondsman
                Warren W. Ellis, J. P.

309. William B. Harrison and Mary E. Deaton Nov. 30, 1854
                Joel F. Evans, Bondsman
                Paul W. Harper

310. L. M. Dampeer and Mary M. Sandifer   Dec. 7, 1854
                S. D. Ramsey, Bondsman
                J. Millsaps, Judge

311. J. M. Green and Ann Eliza McLaurin   Dec. 19, 1854
                E. B. Taylor, Bondsman
                R. M. Curry

MARRIAGE RECORDS, COPIAH COUNTY, MISS.

312. Joseph Thames and Mary D. Green   Dec. 19, 1854
J. W. Green, Bondsman
R. M. Curry

313. F. M. Hickman and Mary M. Harper   Dec. 21, 1854
Asa L. Potter, Bondsman
A. L. Potter, M. G.

314. Eli Neely and Sarah J. Russell   Dec. 20, 1854
W. A. Kilpatrick, Bondsman
W. H. Sanders, J. P.

315. Harrison Moody and Assenith Brown   Dec. 24, 1854
Samuel D. Smith, Bondsman
Wm. Mullins, M. G.

316. A. B. Nicholson and Adelia F. Graves   Dec. 24, 1854
H. M. Youngblood, Bondsman
H. M. Youngblood

317. William H. Clark and E. C. Currie   Dec. 28, 1854
D. S. Baker, Bondsman
Angus McCallum,

318. James M. Case and Mary Townsend   Dec. 26, 1854
James S. Radcliff, Bondsman
Rev. Wm. Thompson, D. D.

319. Henry Hennington and Mrs. C. M. Norman   Jan. 2, 1855
J. E. Hennington, Bondsman
T. H. Dodds, J. P.

320. William H. Barker and M. C. Wilson   Jan. 3, 1855
E. W. Corley, Bondsman
E. W. Corley, J. P.

321. William W. Moore and Martha L. Rogers   Jan. 4, 1855
David Smith, Bondsman
T. J. Ramsey, M. B. P.

322. James M. Parker and Nancy Howell   Jan. 7, 1855
Wm. G. Parker, Bondsman
John Terry, J. P.

323. Sterling G. Jenkins and Clarissa A. Woods   Jan. 9, 1855
Lewis P. Woods, Bondsman
W. M. Ellis, J. P.

MARRIAGE RECORDS, COPIAH COUNTY, MISSISSIPPI   67

324. Archibald Price and Matilda Howell   Jan. 25, 1855
            F. M. Holliday, Bondsman
            Henry Hennington

325. David Lum and Frances A. Robinson   Jan. 28, 1855
            Henry W. Conn, Bondsman
            E. Douglass, J. P.

326. Joshua S. Hennington and Frances T. Willis Jan. 28, 1855
            J. E. Sellers, Bondsman
            John Terry, J. P.

327. Richard B. Hudson and Mary Lewis   Jan. 31, 1855
            Wm. Matheny, Bondsman
            Henry Hennington

328. C. R. Smith and L. J. Catchings   Jan. 30, 1855
            M. B. Harris, Bondsman
            J. R. Thomas

329. William Bass and Samantha Tyler   Feb. 1, 1855
            Richard Ainsworth, Bondsman
            John Terry, J. P.

330. Harvey Kyle and Eliza Hilburn   Feb. 4, 1855
            Thomas H. Wheeler, Bondsman
            J. Millsaps, Judge

331. Raleigh J. Williams and Elisabeth J. Cozens Feb. 6, 1855
            J. A. Hood, Bondsman
            Warren M. Ellis, J. P.

332. James Wooten and Amanda J. Renfrow   Feb. 21, 1855
            Jesse Wooten, Bondsman
            W. H. Landers, J. P.

333. John Dew and Ann Davis   No return
            James H. Murray, Bondsman
            Issued Feb. 19, 1855

334. John N. Crawford and Celia Ann Chance   Feb. 22, 1855
            Eli Chance, Bondsman
            W. H. Landers, J. P.

335. Tillman R. Whitehead and Sarah J. Freeman Feb. 22, 1855
            Josiah Hester, Bondsman
            J. Millsaps, Judge

MARRIAGE RECORDS, COPIAH COUNTY, MISS.

336. William M. Smith and Mary A. Treadwell   No return
         George W. Foster, Bondsman
         Issued Feb. 26, 1855

337. William R. Smith and Eliza E. Kyle   Mar. 1, 1855
         Jackson Millsaps, Bondsman
         B. B. Whittington, M. G.

338. Levi Tyson and Mary E. Myers   Mar. 18, 1855
         Wm. N. Myers, Bondsman
         T. J. Ramsey, M. B. P.

339. Jesse Wooten and Matilda Newell   Apr. 5, 1855
         Mabry Britt, Bondsman
         G. W. Furr, J. P.

340. Archibald J. Warren and Adadiah J. Kennedy Mar. 29, 1855
         J. W. Kennedy, Bondsman
         T. W. Hamilton, J. P.

341. James Roberts and Julia Ann Seibe   Mar. 28, 1855
         John Strickland, Bondsman
         E. R. Strickland, M. G.

342. Stephen J. Allen and Susan Massey   Apr. 4, 1855
         Merry B. Harris, Bondsman
         W. M. Ellis, J. P.

343. Moses Hartlin and Mary Tyson   Apr. 12, 1855
         Jesse Tyson, Bondsman
         W. H. Landers, J. P.

344. F. M. Paramore and Leacy J. Conn   Apr. 15, 1855
         Joel F. Evans, Bondsman
         Jesse Woodall, M. G.

345. Edwin W. Kinnebrew and Mary C. Sullivan   Apr. 17, 1855
         Warren Massey, Bondsman
         Warren M. Ellis, J. P.

346. Augustus James and Mrs. Lucinda Swinney   May 3, 1855
         William Hartley, Bondsman
         W. M. Ellis, J. P.

347. Daniel Z. Ford and Mary Massey   May 24, 1855
         J. T. Lilley, Bondsman
         Warren M. Ellis, J. P.

MARRIAGE RECORDS, COPIAH COUNTY, MISSISSIPPI   69

348. Stephen J. Allen, Jr. and Margaret M. Fulgham May 31, 1855
                    E. M. Calcote, Bondsman
                    J. Millsaps, Judge

349. Jared H. Cranfield and A. M. Noland   June 10, 1855
                    B. B. Day, Bondsman
                    A. R. Lum, M. G.

350. William O. Ferguson and Sarah J. Weathersby June 7, 1855
                    John W. Weathersby, Bondsman
                    T. W. Hamilton, J. P.

351. William Foster and Elisabeth J. Sandifer   June 10, 1855
                    D. J. Deets, Bondsman
                    Geo. W. Furr, J. P.

352. William F. Rimes and Martha J. Newman   June 19, 1855
                    J. T. Smith, Bondsman
                    John Terry, J. P.

353. Alexander Slay and Mary A. Martin   June 20, 1855
                    Jerimiah Sims, Bondsman
                    J. Millsaps, Judge

354. Benjamin A. Crawford and Maletha Myers   June 19, 1855
                    John P. Norton, Bondsman
                    Geo. Rea, M. B. P.

355. John Wheat and Mrs. Selah Bufkin   June 29, 1855
                    I. D. Ramsey, Bondsman
                    J. Millsaps, Judge

356. Cyrus C. Currie and Neoma Broom   July 5, 1855
                    S. B. Currie, Bondsman
                    J. Millsaps, Judge

357. Geo. W. Goza and Eliza A. Scott   July 19, 1855
                    Rich Walters, Bondsman
                    J. Millsaps, Judge

358. John Felder and Mrs. Martha Stanfill   July 19, 1855
                    S. D. Ramsey, Bondsman
                    Geo. Rea, J. P.

359. George L. Decell and Mrs. Matilda Barlow   Aug. 5, 1855
                    Jno. A. Robertson, Bondsman
                    W. A. Sanders, J. P.

360. Calvin Miers and Elisabeth Miers   Aug. 14, 1855
                    W. V. Miers, Bondsman
                    T. J. Ramsey, W. B. P.

MARRIAGE RECORDS, COPIAH COUNTY, MISS.

361. Andrew Murray and Lidey Eliza Ballew   No return
       T. H. Murray, Bondsman
       Issued Aug. 17, 1855

362. James M. Furlow and Mary E. Smith   Aug. 30, 1855
       H. S. Beacham, Bondsman
       J. Millsaps, Judge

363. James M. Trotter and Mrs. M. C. Patton   Aug. 26, 1855
       B. R. Neal, Bondsman
       Samuel L. L. Scott, M. G.

364. Appleton Pierce and Jane E. Callendar   Aug. 30, 1855
       W. H. Landers, Bondsman
       J. Millsaps, Judge

365. William R. Temple and Harriet E. Edwards   Aug. 29, 1855
       William Wooten, Bondsman
       Israel Moeshan

366. William Strahan and Martha E. Barlow   Aug. 2, 1855
       James E. Sellers, Bondsman
       J. Millsaps, Judge

367. John C. Harris and Martha C. Welch   Sept. 6, 1855
       Joel F. Evans, Bondsman
       Asa L. Potter, M. G.

368. Brantley Jackson and Mrs. Elisabeth Smith   Sept. 6, 1855
       John B. Newell, Bondsman
       Geo. Rea, M. B. P.

369. Paul Furr and C. M. Lee   Sept. 6, 1855
       A. M. Case, Bondsman
       G. W. Furr, J. P.

370. Samuel O. Herring and C. J. Chism   Sept. 6, 1855
       James M. Godbold, Bondsman
       J. Millsaps, Judge

371. Richard Lee and Mary A. Williams   Sept. 13, 1855
       A. P. Lee, Bondsman
       J. Millsaps, Judge

372. Barnabus P. Lazarus and Malinda Wilson   Sept. 18, 1855
       James F. Godbold, Bondsman
       Wm. Mullins, M. G.

MARRIAGE RECORDS, COPIAH COUNTY, MISSISSIPPI   71

373. Augustus Simmons and Rebecca Jane Francis   Sept. 25, 1855
              M. W. Francis, Bondsman
              D. C. Leggett, M. G.

374. Shem T. Foster and Mrs. Eliza Purser   Oct. 3, 1855
              P. R. Scarbrough, Bondsman
              W. H. Landers, J. P.

375. J. B. Hall and Sarah A. Brent   Oct. 8, 1855
              J. Millsaps, Judge
              M. T. Brent, Bondsman

376. David C. Moore and Nancy A. Harrison   Oct. 14, 1855
              William B. Harrison, Bondsman
              B. B. Whittington

377. W. E. Moody and Mrs. Caroline Moody   Oct. 17, 1855
              J. C. Pitts, Bondsman
              Geo. Rea, M. B. P.

378. Isaac Russell and Josephine Tillman   Oct. 18, 1855
              W. S. Tillman, Bondsman
              W. H. Landers, J. P.

379. Stephen Renno and Mary A. Purser   Oct. 18, 1855
              James Corley, Bondsman
              J. Millsaps, Judge

380. Oliver P. Holliday and Mary Shamburger   Oct. 25, 1855
              J. W. Shamburger, Bondsman
              John Terry, J. P.

381. J. W. Callender and Nancy Farmer   Oct. 31, 1855
              Simon Farmer, Bondsman
              G. W. Furr, J. P.

382. J. T. Pitman and Melissa Welch   Oct. 31, 1855
              Thomas G. Welch, Bondsman
              John Terry, J. P.

383. William T. Fluim and Mary Wooten   Nov. 4, 1855
              W. W. Newsom, Bondsman
              Israel Mershan

384. William Haley and Cherila C. Little   Nov. 20, 1855
              Elbert H. Bell, Bondsman
              Henry Hennington

385. William Wev and Mrs. Margaret A. Maples   Nov. 14, 1855
              William Leggett, Bondsman
              W. B. Johnson

386. Allison F. Buckley and Rhoda E. Beesley   Nov. 15, 1855
    G. W. Beesley, Bondsman
    W. B. Johnson

387. Augustus C. Welch and Eliza A. Purser   Nov. 15, 1855
    Stephen Renno, Bondsman
    Geo. Rea, M. B. P.

388. Asa W. Farmer and Susan S. Ashley   No return
    George Ashley, Bondsman
    Issued Nov. 19, 1855

389. Seborn Tillman and Penelope Martin   Nov. 22, 1855
    William Loving, Bondsman
    G. W. Furr, J. P.

390. Buford S. Wilson and Comelia H. Browning   Nov. 29, 1855
    J. F. Vance, Bondsman
    J. Millsaps, Judge

391. D. L. C. White and Caroline M. Crider   Nov. 27, 1855
    A. W. Crider, Bondsman
    T. D. Decell, M. B. P.

392. Henry Furr and Barbara M. Durr   Nov. 29, 1855
    James A. Smith, Bondsman
    Rev. Wm. Thompson, D. D.

393. John F. Mitchell and Josephine Hudson   Dec. 5, 1855
    Noel N. Fulgham, Bondsman
    John F. Vance, J. P.

394. James A. Tillman and Mary Ann Scarborogh   Dec. 4, 1855
    S. D. Ramsey, Bondsman
    J. Millsaps, Judge

395. Stokely M. Windham and Nancy E. Fewell   Dec. 5, 1855
    R. G. Windham, Bondsman
    Alexander Murray

396. John Lopez and Emily Kennedy   Jan. 10, 1856
    D. C. Gates, Bondsman
    Henry Hennington

397. S. L. Guess and Martha J. Bankston   Dec. 12, 1855
    H. D. Burton, Bondsman
    Geo. Rea, M. B. P.

398. J. M. Martin and Mary E. Mallory   Dec. 20, 1855
    Jackson Millsaps, Bondsman
    Asa L. Potter, M. G.

MARRIAGE RECORDS, COPIAH COUNTY, MISSISSIPPI

399. J. N. Lyles and Julia A. E. Butler   Dec. 20, 1855
      B. T. Butler, Bondsman
      A. R. Lum, M. G.

400. Jacob J. B. Sistrunk and Mrs. Margaret Sistrunk Dec. 23,
      John Terry, Bondsman   1855
      John Terry, J. P.

401. H. Carter and Elisabeth A. Anderson   Dec. 20, 1855
      John Strong, Bondsman
      M. T. Conn, M. G.

402. G. W. Sistrunk and F. S. Sistrunk   Dec. 25, 1855
      B. D. Ramsey, Bondsman
      John Terry, J. P.

403. William N. Thames and Amanda E. Miller   Dec. 27, 1856
      Benj. Frank Anding, Bondsman
      Thos. G. Decell, M. B. P.

404. William Wade Anderson and Martha L. Williams Jan. 3, 1856
      R. J. Williams, Bondsman
      J. F. Vance, J. P.

405. Robert R. Zackery and Margaret R. McGee   Jan. 9, 1856
      W. A. Stovall, Bondsman
      Thomas G. Decell, M. B. P.

406. D. C. Vaughn and Miss F. C. Hill   Jan. 10, 1856
      E. L. Fairchilds, Bondsman
      C. K. Swinney, J. P.

407. Paterson Case and Susannah M. Anding   Jan. 10, 1856
      J. R. Anding, Bondsman
      Rev. Wm. Thompson, D. D.

408. Gilbert Case and Barbery Case   Jan. 13, 1856
      William Case, Bondsman
      Rev. Wm. Thompson, D. D.

409. H. C. Covington and Emily C. Buie   Jan. 10, 1856
      Neill Buie, Bondsman
      Wm. Mullins, M. G.

410. H. J. Bankston and Catherine McDaniel   Jan. 15, 1856
      Albert Cohn, Bondsman
      R. C. Cochran, J. P.

MARRIAGE RECORDS, COPIAH COUNTY, MISS.

411. Daniel B. Ryan and Emeline Pitts   Jan. 17, 1856
       F. W. Simmons, Bondsman
       C. K. Swinney, J. P.

412. Joseph Sutton and Louisa M. Cunningham   Feb. 12, 1856
       Frank Sturgis, Bondsman
       J. Millsaps, Judge Probate

413. William B. Hagan and Miss Evan Walters   Feb. 24, 1856
       A. Walters, Bondsman
       Alfred Peck, J. P.

414. James M. Parker and Mary C. Little   Mar. 13, 1856
       Jesse W. Black, Bondsman
       John Terry, J. P.

415. William H. Bondurant and Elisabeth Jones   Mar. 27, 1856
       S. B. Knight, Bondsman
       R. C. Cochran, J. P.

416. W. P. Randall and Elender E. Womack   No return
       R. B. Womack, Bondsman
       Issued Apr. 9, 1856

417. Jeremiah R. White and Margaret Chrisler   Apr. 19, 1856
       Richard Lee, Bondsman
       R. C. Cochran, J. P.

418. Robert W. Norton and Mrs. A. J. Rogers   Apr. 3, 1856
       George Rea, Bondsman
       Wm. Mullins, M. G.

419. James J. Weeks and Mary A. Tatum   Apr. 29, 1856
       John Shelton, Bondsman
       J. D. Cudd, J. P.

420. Jackson J. Sullivan and Mrs. Malissa Ann Criscoe May 1, 1856
       E. W. Kinnebrew, Bondsman
       J. F. Vance, J. P.

421. J. R. Jarrell and Mrs. Martha Smith   May 25, 1856
       L. B. Harris, Bondsman
       H. D. Burton, J. P. Ex Officio

422. William C. Cooper and Kesiah Ritchie   May 28, 1856
       S. D. Stricker, Bondsman
       Thomas Brown, E. M. E. C.

MARRIAGE RECORDS, COPIAH COUNTY, MISSISSIPPI

423. John B. Bowen and Rebecca L. Millsaps   June 3, 1856
        A. B. Nicholson, Bondsman
        Asa L. Potter, M. G.

424. Clark K. Harvey and Caroline R. Hennington June 3, 1856
        J. R. Harris, Bondsman
        J. Millsaps, Judge Probate

425. Patrick Mullins and Catherine Douglass   June 15, 1856
        Ay Lord, Bondsman
        J. D. Cudd, J. P.

426. John A. Gillis and Almira A. Lewis   June 12, 1856
        Joseph L. Lewis, Bondsman
        M. T. Conn, M. G.

427. Simon F. Rogers and Elisabeth Hennington   June 25, 1856
        W. T. Evans, Bondsman
        Henry Hennington

428. N. W. Hubert and Miss N. E. Brent   July 16, 1856
        W. B. Brent, Bondsman
        P. H. Allen, M. B. P.

429. Wm. L. Ainsworth and Amanda M. F. Stamps   July 17, 1856
        Jackson Millsaps, Bondsman
        J. Millsaps, Judge Probate

430. R. L. Anderson and Margaret E. Ervin   July 20, 1856
        M. Cook, Bondsman
        R. C. Cochran, J. P.

431. Jasper N. Decell and Ann H. Perkins   July 24, 1856
        J. H. Regan, Bondsman
        A. B. Nicholson

432. Jonathan Britt and Margarett Harrison   July 27, 1856
        Joel Evans, Bondsman
        John Terry, J. P.

433. R. P. Hughes and Leviny Jane Gaddy   Aug. 7, 1856
        H. F. Hughes, Bondsman
        John Terry, J. P.

434. Wm. H. Rainwater and Miss M. A. Bailey   Aug. 10, 1856
        Davis Applewhite, Bondsman
        Wm. H. Bailey, M. G.

435. Henry H. Owen and Mary C. Smith   Aug. 18, 1856
        W. F. Owen, Bondsman
        Thos. Owen

MARRIAGE RECORDS, COPIAH COUNTY, MISS.

436. Wiley Smith and Elisabeth Case   Aug. 20, 1856
         Thos. H. Smith, Bondsman
         Wm. Thompson, D. D.

437. James Pearson and Sarah A. Kelley   Aug. 26, 1856
         E. K. Kelley, Bondsman
         A. R. Lum, M. G.

438. S. J. B. Walker and Nancy Higdon   Aug. 28, 1856
         Daniel B. Ryan, Bondsman
         J. Millsaps, Judge Probate

439. James R. Harris and Mary A. Rice   Sept. 17, 1856
         H. C. Johnson, Bondsman
         D. Leggett, M. G.

440. J. W. Shamberger and Mary F. Sellers   Sept. 4, 1856
         J. M. Coor, Bondsman
         John Terry, J. P.

441. Thomas R. Marler and Mary A. V. Mohon   Sept. 18, 1856
         A. J. Gibson, Bondsman
         Alfred Peck, J. P.

442. H. C. Allen and Elisabeth J. Case   Sept. 24, 1856
         Thos. Case, Bondsman
         Wm. East, M. G.

443. William H. Perry and Virginia Nix   Oct. 2, 1856
         Hugh S. Beacham, Bondsman
         Paul W. Harper, J. P.

444. James M. Coor and Mrs. Malissa A. Pittman   Oct. 9, 1856
         D. P. Welch, Bondsman
         J. Millsaps, Judge Probate

445. George F. Rials and Matilea Palmer   Oct. 10, 1856
         Jesse Rials, Bondsman
         Pr. T. J. Chrisman

446. Henry C. Tillman and Permelia A. Martin   Oct. 16, 1856
         Samuel B. Redus, Bondsman
         G. W. Furr, J. P.

447. Alfred J. Mohon and Alsey N. Bridges   Oct. 15, 1856
         A. J. Gibson, Bondsman
         Alfred Peck, J. P.

MARRIAGE RECORDS, COPIAH COUNTY, MISSISSIPPI 77

448. Luke Lea and Matilda Ann Williams   Oct. 21, 1856
       John Williams, Bondsman
       G. W. Furr

449. William V. Minton and Celia Smith   Oct. 21, 1856
       Maberry Britt, Bondsman
       Wm. Thompson, D. D.

450. James M. Case and Rachel D. Anding   Oct. 29, 1856
       E. P. Bailey, Bondsman
       Wm. Thompson, D. D.

451. William Barnes and Nancy L. Jackson   Nov. 5, 1856
       Warren Massey, Bondsman
       Alfred Peck, J. P.

452. Lemuel L. East and Amanda E. Lea   Nov. 3, 1856
       Jeremiah J. Sims, Bondsman
       G. W. Furr, J. P.

453. Bluford D. Godbold and Fredonia A. Gilmer   Nov. 13, 1856
       J. Millsaps, Bondsman
       Wm. Mullins, M. G.

454. George J. Wheeler and Virginia Ann McLemore Nov.13, 1856
       Ingraham Purser, Bondsman
       J. Millsaps, Judge Probate

455. Elbert J. Deets and Amanda Case   Nov. 18, 1856
       J. B. Case, Bondsman
       G. W. Furr, J. P.

456. C. W. Guynes and Celestine Mullen   No return
       S. D. Ramsey, Bondsman
       Issued Nov. 18, 1856

457. Jefferson W. Cook and Amanda Renfrow   Nov. 20, 1856
       Wm. Renfrow, Bondsman
       Wm. East, M. G.

458. J. R. Neal and Mary Ramsey   No return
       T. J. Neal, Bondsman
       Issued Nov. 27, 1856

459. John J. Odum and Nancy J. Cobb   Dec. 2, 1856
       W. C. Warner, Bondsman
       G. W. Furr, J. P.

460. Abraham Page and Mary Ann Kilcrease   Dec. 12, 1856
          G. W. Kilcrease, Bondsman
          R. C. Cochran, J. P.

461. James G. Carodine and Ann A. Varderman   Dec. 4, 1856
          J. J. Varderman, Bondsman
          D. Leggett, M. G.

462. A. L. Furgerson and Mrs. Elisabeth Barron   Dec. 7, 1856
          Thomas Jones, Bondsman
          John Terry, J. P.

463. A. J. Furgerson and Mrs. Frances A. Killough Dec. 3, 1856
          T. F. Lindsey, Bondsman
          John Terry

464. William Wadsworth and Sarah Millsaps   Dec. 9, 1856
          J. J. Wheat, Bondsman
          John B. Bonom, of M. E. Church
                                           South

465. George Watts and Mary A. J. Norton   Dec. 11, 1856
          Jackson Millsaps, Bondsman
          R. C. Cochran, J. P.

466. Uriah Millsaps and Sarah H. Lewis   Dec. 18, 1856
          S. D. Ramsey, Bondsman
          L. Ercanbrack

467. Wm. H. Trimn and Mrs. Elisabeth Curtis   Dec. 18, 1856
          J. C. Pitts, Bondsman
          R. C. Cochran, J. P.

468. Seth McLaurin and Luvenia Barlow   Dec. 21, 1856
          J. C. Mitchell, Bondsman
          J. Millsaps, Judge Probate

469. W. C. Beasley and Margaret A. Kendrick   Dec. 23, 1856
          E. H. Goff, Bondsman
          Daniel Leggett, M. G.

470. E. H. Goff and Martha Weeks   Dec. 23, 1856
          Wm. C. Beasley, Bondsman
          Daniel Leggett, M. G.

471. Green W. Hennington and Malissa Matheny   Dec. 24, 1856
          Thomas G. Welch, Bondsman
          John Terry, J. P.

MARRIAGE RECORDS, COPIAH COUNTY, MISSISSIPPI

472. William L. Lambright and Nancy East   Dec. 25, 1856
         C. K. Harvey, Bondsman
         Wm. East, M. G.

473. Belfield Simmons and Nancy C. West   Dec. 25, 1856
         H. J. West, Bondsman
         Daniel Leggett, M. G.

474. C. H. Lea and Mary Farmer   Dec. 28, 1856
         Jesse Cagle, Bondsman
         Thomas Simmons, M. G.

475. Wm. W. McLaurin and Martha Gilmer   Jan. 29, 1857
         D. S. Baker, Bondsman
         J. Millsaps, Judge Probate

476. William King and C. O. Fore   Dec. 28, 1856
         B. B. Day, Bondsman
         Asa L. Potter, M. G.

477. Francis J. Decell and Rebecca A. Millsaps   Dec. 31, 1856
         D. R. Williams, Bondsman
         John B. Bowen, M. E. Church S.

478. William K. Cheek and Sarah A. F. Hill   Jan. 1, 1857
         R. C. Cochran, J. P.
         Thos. Brown, E.M.E.C.S.

479. Franklin Dillard and Margaret F. McCalif   Jan. 1, 1857
         M. Cook, Bondsman
         R. C. Cochran, J. P.

480. Drewery J. Brown and Mrs. Elizabeth W. Grant   Jan. 6, 1857
         J. Millsaps, Bondsman
         W. B. Gallman, M. G.

481. A. Alford and Mary Bridges   Jan. 7, 1857
         Jackson Millsaps, Bondsman
         E. H. Allen, M. B. P.

482. Henry Cato and Mrs. Rebecca Fore   Jan. 8, 1857
         H. Burnley, Bondsman
         J. Millsaps, Judge Probate

483. J. C. Templeton and Malissa A. Hughs   Jan. 14, 1857
         G. Watson, Bondsman
         R. C. Cochran, J. P.

484. Wm. McClelland and Rebecca Hogg   Jan. 11, 1857
         H. Beasley, Bondsman
         M. T. Conn, M. G.

MARRIAGE RECORDS, COPIAH COUNTY, MISS.

485. Sylvester Anding and Martha A. Freeman   Jan. 16, 1857
       J. N. Gowens, Bondsman
       R. C. Cochran, J. P.

486. John N. Gowins and Letha Ann Anding   Jan. 17, 1857
       R. C. Cochran, Bondsman
       R. C. Cochran, J. P.

487. John Cook and Margaret J. Eagan   Jan. 22, 1857
       W. F. Caston, Bondsman
       Samuel L. L. Scott, M. G.

488. John W. Matthews and Laura M. Keithley   Jan. 25, 1857
       G. Farmer, Bondsman
       M. T. Conn, M. G.

489. John Cassius and Amanda B. Crider   Jan. 28, 1857
       Moses A. Crider, Bondsman
       Thos. G. Decell, M. B. P.

490. Thomas G. Welch and Dorcas M. Hennington   Jan. 28, 1857
       J. D. Chrisman, Bondsman
       L. Ercanbrack

491. James A. Smith and Francis E. Harris   Feb. 1, 1857
       J. O. Fairman, Bondsman
       Rev. Wm. Thompson, D. D.

492. Archibald Steele and Martha J. Camack   Feb. 4, 1857
       L. B. Harris, Bondsman
       L. Ercanbrack

493. William A. Stewart and Mary Jane Dillard   Feb. 4, 1857
       S. D. Ramsey, Bondsman
       A. B. Nicholson, M. G.

494. Robert Wooten and Christian Newell   No return
       A. Cohn, Bondsman
       Issued Feb. 6, 1857

495. A. B. McGowan and M. C. Guynes   Feb. 28, 1857
       Elbert Guynes, Bondsman
       E. H. Adams, M. B. P.

496. J. E. Wilson and Mrs. Nancy Hickman   Mar. 4, 1857
       W. R. Smith, Bondsman
       Henry Hennington, M. G.

497. Thomas Pettus and Mrs. Amanda Ivey   Mar. 11, 1857
       Augusntus Hudnall, Bondsman
       Alfred Peck, J. P.

MARRIAGE RECORDS, COPIAH COUNTY, MISSISSIPPI   81

498. James J. Jordon and Mrs. Katherine Lilly   Mar. 19, 1857
     R. C. Cochran, Bondsman
     R. C. Cochran, J. P.

499. James L. Cade and Louisa A. Ellis   Apr. 2, 1857
     Dan'l M. Ellis, Bondsman
     Rob't. C. Cochran, J. P.

500. Joseph Price and Mary E. Hester   Apr. 1, 1857
     Wm. T. Hester, Bondsman
     Robt. C. Cochran, J. P.

501. Hugh Anderson and Mrs. Sarah Ann Hodges   Apr. 2, 1857
     W. H. Carter, Bondsman
     C. K. Swenney, J. P.

502. Thaddeus C. Watson and Mary A. Millsaps   Apr. 15, 1857
     Thomas G. Decell, Bondsman
     Thos. G. Decell, M. B. P.

503. Sylvester Maples and Susan Twiner   Apr. 16, 1857
     John G. Armfield, Bondsman
     J. D. Cudd, J. P.

504. Wm. R. Pickett and Miss M. M. Richie   Apr. 21, 1857
     B. H. Richie, Bondsman
     Stephen Warren

505. John Watts and Sarah J. Knight   No return
     Jas. M. Coleman, Bondsman
     Issued Apr. 18, 1857

506. Thomas G. Smith and Sarah J. Knight   Apr. 24, 1857
     W. R. Clark, Bondsman
     John Terry, J. P.

507. Bluford B. Day and Mary A. T. Williams   Apr. 30, 1857
     C. W. McIntosh, Bondsman
     Asa L. Potter, M. G.

508. J. W. Hayes and Pernecy P. Parker   Apr. 30, 1857
     James A. Calhoun, Bondsman
     C. K. Swinney, J. P.

509. W. S. Newman and Miss C. C. Wilson   May 3, 1857
     Gideon Kyle, Bondsman
     John Terry, J. P.

510. C. D. Pevey and Sarah Maning   May 3, 1857
     B. P. Pevey, Bondsman
     John Terry, J. P.

MARRIAGE RECORDS, COPIAH COUNTY, MISS.

511. James D. Watson and Mary S. Anding   May 8, 1857
     W. W. Davis, Bondsman
     (No signature retd on license)

512. John B. Middleton and Elisabeth Beasley   May 12, 1857
     J. T. Swilley, Bondsman
     W. M. Ramsey, J. P.

513. Joseph Burnes and Samantha A. L. Brown   May 20, 1857
     Uriah Millsaps, Bondsman
     E. W. Furr, J. P.

514. E. C. Rothrock and Mary C. Hoskins   May 28, 1857
     T. L. Holliday, Bondsman
     H. F. Leroy

515. D. L. Mendenhall and Lenicy Brent   June 9, 1857
     H. D. Mayes, Bondsman
     E. N. Talley

516. Elbert W. Denham and Martha A. Thompson   July 6, 1857
     T. J. Chrisman, Bondsman
     Wm. East, M. G.

517. William T. Hester and Susanah Price   July 7, 1857
     James A. Calhoun, Bondsman
     P. W. Harper, J. P.

518. Francis M. Thomas and Elisabeth Hutchins   July 10, 1857
     H. R. Walker, Bondsman
     R. C. Cochran, J. P.

519. Wm. W. Millsaps and Mrs. M. A. Gilmer   July 23, 1857
     Wm. Haley, Bondsman
     J. Millsaps, Judge Probate

520. Samuel Thomas and Sarah Ware   No return
     Lard Ware, Bondsman
     Issued July 22, 1857

521. Andrew Brown and Equilly Kirkley   July 29, 1857
     J. J. Hood, Bondsman
     R. C. Cochran, J. P.

522. Jonathan M. White and Emaline Wallis   Aug. 4, 1857
     A. W. Crider, Bondsman
     L. Ercanbrack

523. Wm. W. Davis and Matilda J. Foster   Aug. 24, 1857
     Isaac Ryan, Bondsman
     R. C. Cochran, J. P.

MARRIAGE RECORDS, COPIAH COUNTY, MISSISSIPPI   83

524. Thomas E. Tompkins and Mary E. Ford   Sept. 1, 1857
                Rufus K. Coor, Bondsman
                Rev. A. B. Nickolson

525. John Williams and Eliza J. Coates   Aug. 28, 1857
                John W. Parrott, Bondsman
                G. W. Furr, J. P.

526. Charles E. Wolfe and Amanda C. Tillman   Sept. 2, 1857
                A. J. Sturgis, Bondsman
                J. Millsaps, Judge Probate

527. Augustus E. Lindsey and Mary Ann Terry   Sept. 1, 1857
                John Terry, Bondsman
                Henry Hennington

528. Van Buren Ratcliff and Delilah Townsend   Sept. 13, 1857
                James M. Case, Bondsman
                T. J. Hitson

529. Enos Donahoe and Margaret Peavy   Sept. 17, 1857
                C. W. Peavy, Bondsman
                John Terry, J. P.

530. James T. Odum and Malissa L. Slocum   Sept. 18, 1857
                Jesse Wooten, Bondsman
                Paul W. Harper, J. P.

531. Andrew J. Barnes and Emily Mourse   Sept. 22, 1857
                E. Cagle, Bondsman
                R. C. Cochran, J. P.

532. James E. Frizell and Mrs. Elisabeth C. Hargraves Sept. 30
                G. W. Beesley, Bondsman   1857
                J. Millsaps, Judge Probate

533. Floyd Bridges and Telitha Weeks   Sept. 30, 1857
                W. F. Weeks, Bondsman
                Thomas Barron, J. P.

534. Cicero Pitts and Nancy M. Welch   Oct. 7, 1857
                Bud Higdon, Bondsman
                J. Millsaps, Judge Probate

535. Daniel Tradewell and Sarah Farmer   Oct. 28, 1857
                Wm. M. Ramsey, Bondsman
                Wm. Ramsey, J. P.

MARRIAGE RECORDS, COPIAH COUNTY, MISS.

536. **Isom A. J. Smith** and **Mary Farmer**   Oct. 21, 1857
       John Farmer, Bondsman
       Geo. H. Burnett, M. G.

537. **David Cogdale** and **Virginia Hicks**   Oct. 27, 1857
       G. W. Kilcrease, Bondsman
       Geo. Rea, M. B. P.

538. **John W. Barnes** and **Angeline B. Hennington**   Nov. 25, 1857
       S. C. Bates, Bondsman
       Geo. Rea, M. B. P. C.C.

539. **Holly F. M. Warner** and **Louisa G. Slocum**   Nov. 9, 1857
       W. F. Bickham, Bondsman
       A. B. Nickholson, M. G.

540. **William F. Bickham** and **Matilda B. Warner**   Nov. 9, 1857
       W. C. Warner, Bondsman
       A. B. Nicholson, M. G.

541. **Wm. B. Fletcher** and **Elisabeth L. Nonnan**   Nov. 17, 1857
       Isaac N. Edwards, Bondsman
       E. H. Allen, M. B. P.

542. **Inon Ballew** and **Emily McGrunagill**   Nov. 25, 1857
       Edmond L. Carter, Bondsman
       Alfred Peck, J. P.

543. **George R. Wilson** and **Martha L. Ware**   Nov. 27, 1857
       R. P. Evans, Bondsman
       John Terry, J. P.

544. **John F. Broom** and **E. Francis Dillard**   No return
       C. C. Currie, Bondsman
       Issued Dec. 1, 1857

545. **Levi T. Lyons** and **Francis J. Mullens**   Dec. 6, 1857
       Thos. B. Mullens, Bondsman
       William East, M. G.

546. **Elijah Slay** and **Lucy Pierce**   Dec. 10, 1857
       James S. Harris, Bondsman
       Geo. Rea, M. B. P.

547. Blank

548. **Robert A. Moody** and **A. E. Green**   Dec. 23, 1857
       W. L. Tanerhill, Bondsman
       J. C. Davis, M. G.

MARRIAGE RECORDS, COPIAH COUNTY, MISSISSIPPI

549. W. D. Murphy and Malissa Rogers   Dec. 30, 1857
          J. A. Wise, Bondsman
          D. C. Leggett, M. G.

550. Henry B. Harrison and Delilah Beasley   Dec. 30, 1857
          Jesse Lowe, Bondsman
          Wm. M. Ramsey, J. P.

551. Thos. R. Marler and Martha A. Anderson Dec. 24, 1857
          A. G. Anderson, Bondsman
          Wm. H. Carter, J. P.

552. John J. Norwood and Ann Price   Dec. 28, 1857
          Wm. N. Miller, Bondsman
          Wm. H. Carter, J. P.

553. Isaac Furr and Cherokee Roberts   Jan. 7, 1858
          Saul Wilson, Bondsman
          R. C. Cochran, J. P.

554. Thomas B. Walden and Caroline Haygood   Jan. 7, 1858
          S. D. Ramsey, Bondsman
          Thomas Barron, J. P.

555. William H. Hartley and Elizabeth J. Dunagan Jan. 15, 1858
          Wm. Shaw, Bondsman
          D. C. Leggett, M. G.

556. John W. Crawford and Elizabeth Buie   Feb. 4, 1858
          Mortimer Buie, Bondsman
          Wm. M. Ramsey, J. P.

557. Asberry D. Hickman and Malissa A. Tillman Feb. 4, 1858
          J. M. Tillman, Bondsman
          Henry Hennington

558. Thomas J. Neal and Arthena Norman   Feb. 3, 1858
          D. R. Neal, Bondsman
          Wm. M. Ramsey, J. P.

559. John Edwards and Rebecca Watson   Feb. 14, 1858
          John Taylor, Bondsman
          John Terry, J. P.

560. W. P. Pool and Malinda C. Lord   Feb. 10, 1858
          E. D. Brower, Bondsman
          J. D. Cudd, J. P.

MARRIAGE RECORDS, COPIAH COUNTY, MISS.

561. Francis M. McIntosh and Senith Alexander Feb. 14, 1858
          Greeberry Pevey, Bondsman
          John Terry, J. P.

562. George W. Beasley and Frances E. Leggett Feb. 17, 1858
          J. G. Caradine, Bondsman
          D. C. Leggett, M. G.

563. David C. Segrist and Martha A. Douglass Feb. 19, 1858
          W. F. Davis, Bondsman
          A. R. Lum, M. G.

564. Henry P. Englemore and Rosa Ryan Feb. 24, 1858
          R. C. Cochran, J. P.

565. John P. Wilson and Malenda Greenlee Feb. 25, 1858
          Jim H. Patterson, Bondsman
          T. G. Booth

566. Francis M. Young and Nancy Gresham Mar. 3, 1858
          J. T. McManus, Bondsman
          Thomas Barron, J. P.

567. Talton Knight and Nancy Haynes Mar. 14, 1858
          John Guynes, Bondsman
          Warren Miller, J. P.

568. C. Benton Allen and Miss R. A. Rowan Mar. 18, 1858
          R. Q. Allen, Bondsman
          E. H. Allen, M. B. P.

569. Wiley J. Jamison and Mary M. Preswood Mar. 18, 1858
          John Witham, Bondsman
          R. C. Cochran, J. P.

570. Frank M. Martin and Martha A. Thompson Mar. 25, 1858
          Andrew J. Barnes, Bondsman
          Warren M. Ellis, J. P.

571. Nathan A. Jackson and Martha A. Smith Apr. 1, 1858
          Brantley Jackson, Bondsman
          Wm. East, M. G.

572. Aaron B. Lowe and Evelena M. Massey No return
          E. L. Fairchild, Bondsman
          Issued Mar. 30, 1858

573. J. B. Case and Sarah Renfrow Apr. 5, 1858
          E. J. Deets, Bondsman
          Geo. Rea, M. B. P.

MARRIAGE RECORDS, COPIAH COUNTY, MISSISSIPPI   87

574. Jasper Case and Nancy Case   Apr. 8, 1858
                Hiram Case, Bondsman
                Wm. Thompson, J. P.

575. Cicero J. Kelly and Frances A. Shelton   Apr. 15, 1858
                Moses F. Coff, Bondsman
                A. R. Lum, M. G.

576. George W. Warner and Jane Perkins   Apr. 21, 1858

                Paul W. Harper, J. P.

577. James Foster and Nancy Treadwell   Apr. 30, 1858
                J. O. Fannin, Bondsman
                John E. McNair, Judge 2nd. Jud. Dis.

578. George Armstrong and Charity Ann Myers   No return
                Calvin Myers, Bondsman
                Issued May 5, 1858

579. Simon Parker and Elisabeth Milton   No return
                Issued Nov. 20, 1858

580. Simon B. Weaver and Mrs. Sophia Gaddy   May 11, 1858
                Richard Lee, Bondsman
                John Terry, J. P.

581. William McDonald and Harriet E. Gillis   May 13, 1858
                D. Matheny, Bondsman
                W. H. Carter

582. Benjamin F. Hamilton and Amanda Terry   May 26, 1858
                David Hamilton, Bondsman
                James Newman

583. John Lewis and Mary A. Fendley   June 1, 1858
                B. D. Fendley, Bondsman
                R. C. Cochran

584. Jeremiah J. Sims and Sarah A. Young   June 10, 1858
                R. C. Cochran, Bondsman
                R. C. Cochran, J. P.

585. James M. Thomas and Mary J. Morgan   No return
                John F. Guynes, Bondsman
                Issued June 29, 1858

MARRIAGE RECORDS, COPIAH COUNTY, MISS.

586. Gabriel Rawls and Mrs. Mary Freeman   July 8, 1858
      R. M. Graves, Bondsman
      G. W. Furr, J. P.

587. James B. Shaw and Martha L. Scott   July 13, 1858
      James J. Beeson, Bondsman
      Warren Miller

588. John C. Applewhite and Emlie C. Applewhite July 25, 1858
      E. Applewhite, Bondsman
      W. H. Bailey, M. G.

589. John Britton and Mrs. Catherine Ward   Aug. 1, 1858
      B. C. Jordan, Bondsman
      Warren W. Miller

590. W. M. Miller and Mercy J. Stanley   Aug. 11, 1858
      L. F. Mapp, Bondsman
      J. C. Davis, M. G.

591. T. T. Bryan and Annie Bell   Aug. 12, 1858
      H. Bell, Bondsman
      John Terry, J. P.

592. F. M. Tillman and Lizer Morgan   No return
      J. M. Tillman, Bondsman
      Issued Aug. 11, 1858

593. James H. Meek and Martha Grizzella Redus   Aug. 18, 1858
      Wm. Neil, M. G.

594. N. W. Francis and Mrs. Mary Murry   Aug. 20, 1858
      D. W. Douglass, Bondsman
      L. Potter, M. G.

595. Samuel P. Harvey and Mercy C. Broom   Aug. 19, 1858
      Frank Sturgis, Bondsman
      Wm. Neil

596. Isaac Whiticer and Mary C. Roberson   Aug. 26, 1858
      A. J. Gibson, Bondsman
      W. W. Funchess, L. L. D.

597. Jefferson Williams and Martha Rebecca Lilly Aug. 26, 1858
      J. J. Jordan, Bondsman
      Warren W. Miller

MARRIAGE RECORDS, COPIAH COUNTY, MISSISSIPPI

598. Richmond Bennett and Mrs. Nancy Davis   Aug. 31, 1858
    John Bell, Bondsman
    M. T. Conn, M. G.

599. John Laughlin and Nancy J. Pierce   Sept. 9, 1858
    J. M. Pierce, Bondsman
    J. D. Cudd, J. P.

600. James Tatum and Sarah M. Timms   Sept. 22, 1858
    Thomas Mattingly, Bondsman
    A. R. Lum, M. G.

601. H. S. Bankston and Miss J. J. Charlton   Sept. 22, 1858
    L. B. Harris, Bondsman
    R. C. Cochran

602. E. F. Lowe and Emily M. Peyton   Oct. 6, 1858
    Jackson Millsaps, Bondsman
    J. Millsaps, Judge Probate

603. Preston Miers and Sarah Weeks   Oct. 13, 1858
    Vardaman Miers, Bondsman
    James Newman, M. G.

604. Abner Ables and Martha E. Allen   Jan. 20, 1859
    M. L. Furlow, Bondsman
    Thos. J. Hutson

605. Robert Hemphill and Margaret Smith   Nov. 3, 1858
    Thomas Smith, Bondsman
    Wm. East, M. G.

606. John J. Embry and Margaret A. Smylie   Oct. 26, 1858

    John B. Brown, M. G.

607. John A. James and Angeline Moore   Oct. 27, 1858
    George W. Ellis, Bondsman
    W. M. Ellis, J. P.

608. George R. Carney and Eliza Barron   Nov. 25, 1858
    Joel F. Evans, Bondsman
    John Terry

609. James S. McIntosh and Mary A. E. Holman   No return
    F. M. McIntosh, Bondsman
    Issued Nov. 16, 1858

MARRIAGE RECORDS, COPIAH COUNTY, MISS.

610. R. A. Cessna and Sarah E. McRee   Dec. 2, 1858
         George Peets, Bondsman
         John B. Brown

611. Fountain W. Brown and Elisabeth L. Thompson Dec. 7, 1858
         R. M. Thompson, Bondsman
         James Newman, M. G.

612. I. S. Callender and Cynthia A. Scott   Dec. 12, 1858
         W. L. Scott, Bondsman
         Paul W. Harper, J. P.

613. Stephen Cocke and Emily R. Willing   Dec. 9, 1858
         G. W. Hardy, Bondsman
         Samuel L. L. Scott, M. G.

614. A. J. Short and Mary Jane Kelley   Dec. 12, 1858
         Joseph Kelley, Bondsman
         A. R. Lum, M. G.

615. Simon Parker and Mrs. Elizabeth Melton   Nov. 20, 1858

         Geo. Rea, Member Board Police

616. John M. Mobley and Nancy Pierce   Dec. 23, 1858
         N. W. Francis, Bondsman
         Thos. J. Hudson

617. Coleman Dowdy and Jemima Jones   Dec. 28, 1858
         F. A. Gustavius, Bondsman
         D. Leggett, M. G.

618. Zachariah Stewart and Elizabeth Renfro   Dec. 30, 1858
         W. M. Renfro, Bondsman
         Paul W. Harper

619. Milton Scott and Elizabeth Dunegan   Jan. 2, 1859
         William Weathersby, Bondsman
         C. B. N. Rice, M. B. P.

620. John Evans and Serena Wilkinson   Jan. 4, 1859
         C. Wilkinson, Bondsman
         Wm. Neil, M. G.

621. Andrew Jackson Burt and Julia L. King   Jan. 4, 1859
         J. H. Burt, Bondsman
         M. T. Conn, M. G.

MARRIAGE RECORDS, COPIAH COUNTY, MISSISSIPPI   91

622. Jesse J. Malone and Malinda Harrison   Jan. 6, 1859
            Gideon Kile, Bondsman
            J. Millsaps, Judge

623. Thomas S. Ashley and Malinda Hartley   Jan. 9, 1859
            Henry Hartley, Bondsman
            Alfred Peck, J. P.

624. Oziah Osburn and Mrs. Mary Baggett   Jan. 12, 1859
            M. Cook, Bondsman
            Henry Hennington
     "Mrs. Mary Osburn departed this life 23rd. Feb. 1859.
     In the midst of life we are in death."

625. Denman Smith and Elizabeth Smith   Jan. 13, 1859
            L. B. Harris, Bondsman
            Geo. W. Furr, M. B. P.

626. Robt. B. Greenlee and Martha A. Trim   Jan. 13, 1859
            Jacob K. Hill, Bondsman
            W. W. Bolls, M. G.

627. John H. Simmons and Miriam Bell   Jan. 12, 1859
            H. Bell, Bondsman
            John Pevey

628. B. F. Anding and Mary M. McGee   Jan. 13, 1859
            Hugh S. Beacham, Bondsman
            W. H. Roane, M. G.

629. Hugh S. Beacham and Mary A. McGee   Jan. 26, 1859
            B. F. Anding, Bondsman
            J. Millsaps, Judge Probate

630. W. A. Watkins and Margaret Conn   Jan. 23, 1859
            B. F. Conn, Bondsman
            James Newman, M. G.

631. Jonathan E. McCallum and Mary Ann Baker   Jan. 19, 1859
            D. F. McCormick, Bondsman
            Angus McCallum

632. John Gaskin and Adaline Nance   Jan. 21, 1859
            A. M. Smith, Bondsman
            Daniel Leggett

633. Rider M. Thompson and Margaret E. Davis   Jan. 26, 1859
            James Newman, M. G.

MARRIAGE RECORDS, COPIAH COUNTY, MISS.

634. Joel M. Tillman and Ivan M. Wiltshire   Jan. 27, 1859
       M. Tillman, Bondsman
       John Terry, J. P.

635. Geo. W. Simmons and Sarah Cooper   Jan. 27, 1859
       James Simmons, Bondsman
       W. W. Bolls, M. G.

636. John Jackson and Adaline James   Jan. 30, 1859
       S. H. McElves, Bondsman
       Alfred Peck, J. P.

637. E. R. Freeman and Ophelia J. Tillman   Jan. 30, 1859
       W. W. Bolls, Baptist Minister

638. Isaac B. Cupit and Martha V. G. King   Jan. 30, 1859
       Sterling G. Jenkins, Bondsman
       S. G. Jenkins, M. B. P.

639. Robert McNabb and Mrs. Jane Foster   Feb. 1, 1859
       Benj. Parker, Bondsman
       P. W. Harper

640. Jeff C. Caves and Vashti Wilson   Feb. 6, 1859
       M. S. Wilson, Bondsman
       Warren W. Miller

641. Wm. Morris and Mary E. Miley   Feb. 6, 1859
       John Fartheree, Bondsman
       W. H. Carter, J. P.

642. R. B. O'Quin and Elisabeth G. Short   Feb. 9, 1859
       W. R. Cheek, Bondsman
       W. W. Bolls, Bap. Min.

643. John R. Robertson and Rhoda Ellis   Feb. 17, 1859
       J. R. Ainsworth, Bondsman
       J. Millsaps, Judge Probate

644. Henry M. Bailey and Mrs. Anna Lowe   Feb. 12, 1859
       J. B. Jones, Bondsman
       Warren W. Miller, J. P.

MARRIAGE RECORDS, COPIAH COUNTY MISSISSIPPI
BOOK "D" PAGES 1-76 , FEB. 24, 1859-JAN. 2, 1860

PAGE NO.	GROOM AND BRIDE	BONDSMAN	DATE

1. J. H. Cranfield and Gracy A. Barlow   Feb. 24, 1859
   W. J. Barlow, Bondsman
   John Matthews, J. P.

2. David Cain and Miss M. L. German   Feb. 23, 1859
   Jackson Millsaps, Bondsman
   Warren W. Miller, J. P.

3. Elijah Smith and Mary Ann Martin   Nov. 17, 1858
   Z. Martin, Bondsman
   Thomas J. Hutson

4. Sir Charles O'Neal and Catherine Whitehead   Mar. 13, 1859
   T. R. Whitehead, Bondsman
   Alfred Peck, J. P.

5. W. R. Webb and Sallie T. Thompson   Mar. 14, 1859
   J. A. Barlow, Bondsman
   W. Wadsworth, Elder

6. Edmund H. Patton and Frances A. Harrison   Mar. 17, 1859
   B. A. Crum, Bondsman
   John Terry, J. P.

7. Samuel Kirkley and Amanda Gibson or Hagan   Apr. 1, 1859
   W. W. Funchess, Bondsman
   W. W. Funchess, L. D.

8. Granberry Britt and Mary Ann Walker   Apr. 7, 1859
   Henry Walker, Bondsman
   J. F. Thompson, J. P.

9. Joseph B. Scott and Martha A. Gillaspy   Apr. 10, 1859
   G. D. Low, Bondsman
   Warren W. Miller, J. P.

10. James H. Burt and Ann S. Fanning   Apr. 14, 1859
    Daniel Burt, Bondsman
    John Terry, J. P.

11. Alfred Kyle and Elisabeth Collins   Apr. 17, 1859
    J. Millsaps, Bondsman
    John Terry, J. P.

MARRIAGE RECORDS, COPIAH COUNTY, MISS.

12. W. A. J. Jones and Margaret E. Osburn   Apr. 21, 1859
    D. A. Crum-O. Osburn, Bondsman
    Henry Hennington

13. Asberry Britt and Nancy E. Minton   Apr. 20, 1859
    J. M. Minton, Bondsman
    Jas. F. Thompson, J. P.

14. Joseph T. Swilley and Mary L. Graves   May 11, 1859
    H. J. Graves, Bondsman
    Wm. Ramsey, J. P.

15. Aaron Miller and Sarah Ann Sanders   May 9, 1859
    M. Cook, Bondsman
    John Witham, J. P.

16. John J. Watts and Nancy J. Wilson   May 25, 1859
    Jas. M. Coleman, Bondsman
    John Terry, J. P.

17. David Newton and Ucevia O'Quinn   June 2, 1859
    A. J. Lusk, Bondsman
    G. W. Furr, M. B. P.

18. Thomas W. Ramsey and Delila A. Guynes   June 1, 1859
    W. G. Price, Bondsman
    B. F. Guynes, J. P.

19. Isaac Dooling and Mary Brown   June 12, 1859
    E. Barron, Bondsman
    James Newman, M. G.

20. Peter C. Hiveley and Margaret C. Black   June 21, 1859
    M. Cook, Bondsman
    J. M. Farmer, M. G.

21. William Kelly and Margaret J. Dunbar   July 7, 1859
    J. H. Starnes, Bondsman
    Daniel Leggett

22. David Mohon and Ritty Bird   June 30, 1859
    Henry Magin, Bondsman
    W. H. Carter, J. P.

23. G. F. Martin and Hessie Hennington   July 3, 1859
    W. G. Hennington, Bondsman
    L. D. Holloway, Bapt. Min.

MARRIAGE RECORDS, COPIAH COUNTY, MISSISSIPPI

24. R. M. Graves and Mrs. Sarah A. O'Neal   July 10, 1859
         M. Cook, Bondsman
         G. W. Furr, M. B. P.

25. G. W. Martin and Sarah Parker   July 14, 1859
         Z. Martin, Bondsman
         Thos. Simmons, M. G.

26. William J. Smith and Jane E. Kendrick   July 14, 1859
         J. H. Kendrick, Bondsman
         Daniel Leggett

27. Dudley W. Jones and Laura V. Peyton   July 14, 1859
         Douglass Neil, Bondsman
         Wm. Neil, M. G.

28. Dr. J. J. S. Wilkins and Margaret Kees   July 26, 1859
         William Fuller, Bondsman
         Thomas Simmons, M. G.

29. Frederick Pittman and Ellen Carravan   July 19, 1859
         D. B. Lowe, Bondsman
         J. F. Pont, Catholic Priest

30. F. L. Kelly and Josephine L. Price   July 26, 1859
         John Witham, Bondsman
         J. Millsaps, Judge Probate

31. G. W. Clement and Mary A. Haley   Aug. 4, 1859
         J. A. Haley, Bondsman
         John Terry, J. P.

32. W. A. Callender and Mary C. Alford   Aug. 11, 1859
         M. Cook, Bondsman
         Jas. F. Thompson, J. P.

33. Jesse Sandifer and Catherine Wroten   Aug. 23, 1859
         Thomas Jones, Bondsman
         John Withem, J. P.

34. W. R. Case and Statia Ann J. Sullivan   Aug. 25, 1859
         James M. Renfrow, Bondsman
         W. H. Carter, J. P.

35. Barney Smith and Elisabeth J. Crawford   Sept. 4, 1859
         R. H. Crawford, Bondsman
         Wm. Ramsey, J. P.

MARRIAGE RECORDS, COPIAH COUNTY, MISS.

36. Isom Ferguson and Lee Sally Odum   Sept. 1, 1859
       Henry Jordan, Bondsman
       Thomas Simmons, M. G.

37. H. T. Sandifer and Mary J. Ferguson   Sept. 14, 1859
       James Bell, Bondsman
       James Newman, M. G.

38. George W. Wheeler and Mary Ann Anding   Sept. 15, 1859
       J. R. Ainsworth, Bondsman
       J. Millsaps, Judge Probate

39. Needham Lee and Julia J. Watson   Oct. 5, 1859
       David A. Herring, Bondsman
       S. G. Mullins

40. John Montgomery and Matilda Britt   Sept. 21, 1859
       Maberry Britt, Bondsman
       James F. Thompson, J. P.

41. Lucius Wells and Sarah R. McKay   Sept. 29, 1859
       J. K. Hill, Bondsman
       Wm. Neil, M. G.

42. Hugh Anderson and Sarah M. Warren   Oct. 4, 1859
       W. H. Carter, Bondsman
       W. H. Carter, J. P.

43. E. C. Miller and Martha C. Warnock   Oct. 10, 1859
       M. Cook, Bondsman
       William East, M. G.

44. Doug McCormick and Kathleen Gordon   Oct. 12, 1859
       (?) W. McRae, Bondsman
       Wm. Mullin, M. G.

45. L. H. Tillman and Martha A. Harris   Oct. 12, 1859
       John Harris, Bondsman
       W. B. Gallman, M. G.

46. W. L. Arrington and Martha Ann Sandifer   Oct. 16, 1859
       A. F. Arrington, Bondsman
       James T. Thompson, J. P.

47. Henry C. Sumrall and Emily M. Ellis   Nov. 3, 1859
       E. N. Sumrall, Bondsman
       J. Millsaps, Judge Probate

MARRIAGE RECORDS, COPIAH COUNTY, MISSISSIPPI

48. W. C. Thompson and Mary Ann Belinda Mullens Oct. 25, 1859
    W. P. Mullens, Bondsman
    A. Murray

49. Simeon Sumrall and Arzilla J. Wilson   Nov. 1, 1859
    E. W. Wilson, Bondsman
    J. Millsaps, Judge Probate

50. Evan S. McGee and Margaret E. Anding   Nov. 9, 1859
    R. R. Applewhite, Bondsman
    W. H. Roane, M. G.

51. James R. King and Mary Ann Walker   Nov. 5, 1859
    W. M. Walker, Bondsman
    J. F. Thompson, J. P.

52. Calvit Roberts and S. F. Taliaferro   Nov. 10, 1859
    J. L. Andrews, Bondsman
    C. K. Marshall, M. G.

53. Benjamin Vickers and Mrs. Elizabeth Toumbs Nov. 11, 1859
    T. M. Miers, Bondsman
    Wm. Ramsey, J. P.

54. E. H. Smithhart and Sarah W. Lewis   Nov. 16, 1859
    F. W. Simmons, Bondsman
    A. Murray

55. W. C. Sykes and Lucinda Lilley   Nov. 17, 1859
    J. J. Jordan, Bondsman
    Warren W. Miller, J. P.

56. W. T. Barber and Hariet A. Stanley   Nov. 22, 1859
    John T. Brown, Bondsman
    W. W. Bolls,

57. Thomas Smithhart and Mary Ann King   Nov. 22, 1859
    Henry Lappin, Bondsman
    A. Murray

58. John Marsh and Mrs. Virginia A. Wheeler   Dec. 1, 1859
    Reuben McLemore, Bondsman
    J. Millsaps, Judge Probate

59. Owen A. Williams and Mrs. Levinsey Jane Hughs Nov. 29, 1859
    John Taylor, Bondsman
    John Terry, J. P.

60. Benjamin Bardwell and Malinda E. Warner   Dec. 7, 1859
        S. Barber, Bondsman
        George Rea, M. B. P.

61. William Guynes and Adaline Mullen   Dec. 7, 1859
        J. S. Mullen, Bondsman
        Wm. Ramsey, J. P.

62. Christian Krentel and Mary Barber   Dec. 6, 1859
        William Taylor, Bondsman
        Samuel L. L. Scott, Min. of
        Gospel of the M. E. Church

63. Henry J. Jones and Caroline Kyle   Dec. 11, 1859
        W. S. Newnan, Bondsman
        John Terry, J. P.

64. Rufus R. King and Sarah C. Ramsey   Dec. 7, 1859
        Benj. King, Bondsman
        Wm. Ramsey, J. P.

65. James Douglas Neil and Sally Harris   Dec. 14, 1859
        J. Millsaps, Bondsman
        Wm. Neil, M. G.

66. E. G. Linder and Nancy J. Welch   Dec. 15, 1859
        W. W. Welch, Bondsman
        John Terry, J. P.

67. George B. Hamilton and Susan Rutledge   Dec. 14, 1859
        Joseph Rutledge, Bondsman
        J. M. Farmer, M. G.

68. J. M. Morgan and Sarah J. Tillman   Dec. 15, 1859
        J. B. Chapman, Bondsman
        Warren W. Miller, J. P.

69. P. Q. Quigley and Mrs. Caroline Garner   Dec. 16, 1859
        T. C. Hickey, Bondsman
        Rob't. Campbell, M. G.

70. William Gibson and Emily Watson   Dec. 18, 1859
        J. J. Watson, Bondsman
        Paul W. Harper

71. James W. F. Harper and Louisa Parker   Dec. 20, 1859
        Geo. W. Martin, Bondsman
        Paul W. Harper, J. P.

MARRIAGE RECORDS, COPIAH COUNTY, MISSISSIPPI

72. Robert F. Crawford and Ann Purser   Dec. 22, 1859
    C. J. Purser, Bondsman
    Rev. A. B. Nicholson

73. H. P. Reeves and Melissa Lee   Dec. 20, 1859
    L. P. Harris, Bondsman
    J. A. Witham, J. P.

74. Theoderick Taylor and Mrs. Margaret Webb   Jan. 1, 1860
    William Allen, Bondsman
    Daniel Leggett

75. Geo. W. Mayfield and Mary F. Gillaspie   Dec. 27, 1859
    J. B. Scott, Bondsman
    John Terry, J. P.

76. William Allen and Anna A. Pierce   Jan. 2, 1860
    John Kendrick, Bondsman
    Daniel Leggett

INDEX

NAME	PAGE	NAME	PAGE	NAME	PAGE
Ables, Abner	89	Allred, Jennings J.		Arrington, A. F.	96
Adams, Charles	52		3	W. L.	96
Dicey	24	Margaret	28	Ashley, Elihu	11
E. H.	80	Mrs. Priscilla	38	Elizabeth	22
Thos. B.	4-9-10-	Anderson, A. G.	85	E. M.	28-42-54-60
	10-16-20-	Allen G.	23	George	72
	21-27-37-	Elisabeth A.	73	George A.	22
	50-51	Hugh	65-81-96	George S.	3-24-
Wm.	57	Jefferson	33		26-25-27-28
Adkins, Ellen	26	Margaret M.	27	George W.	60
Samuel	26	Martha A.	85	Mrs. Mary	27
Ainsworth, J. R.	92-96	Anding, Mary Ann	96	Matilda	42
		Anderson, Nancy	17	Sylvester E.	44
Richard	38-67	R. L.	75	Susan S.	72
William	38	William Wade	73	Thomas A.	28
W. L.	56	Anding, Barbary	64	Thomas S.	91
Wm. L.	75	B. F.	91	Atkinson, Clinton	42
Aills, Sylvia	11	Benj. Frank	73	Daniel T.	34
William	52	Dorcas B.	58	Martha A.	34
Alexander, Mrs. Levina	10	D. D.	58	Auld, Isaac J.	16
		Geo. G.	24-31	Austin, Andrew J.	46
Smith	86	J. R.	73	Laura	43
William G.	49	Letha Ann	80	Autell, Edward	29
Alford, A.	79	Margaret E.	97		
Mrs. Cynthia	8	Martin A.	24	Baggett, J. T.	38
M. C.	59	Mary A. E.	62	Mrs. Mary	91
Mary C.	95	Mary S.	82	William P.	18
Allen, C. Benton	86	Rachel D.	77	Bailey, C. E.	3
Dicy	20	Susannah M.	73	E. P.	61-77
E. H.	79-84-86	Sylvester	80	Elijah P.	62
Evelin	36-52	Andrews, J. L.	97	H. M.	29
H. C.	76	Applewhite, Belvy	3	Henry M.	4-92
George W.	64	Davis	75	James	1-2-37
Martha E.	89	E.	88	James G.	44
P. H.	75	Eldridge	18	J. D.	35
R. I.	86	Emlie C.	88	Jefferson T.	23
S. J.	65	John C.	88	J. T.	26
Stephen J.	53-68	R. R.	97	Lott	50
S. J., Jr.	64	Seth	29-33-62	Miss M. A.	75
Stephen J., Jr.	68-69	Sinia	33	Margaret	19
		Ard, John S.	35	Nancy E.	55
Susan	18	Mary	35	Sarah E.	61
William	99	Armfield, Isaac	9	Sissily	34
W. H.	47	J. B. S.	63	T. G.	3-8-10-11
William H.	36	John G.	9-81	Thos. G.	4-5-6-7
Allgood, William	16	Armstrong, George	87	T. J.	9
Willis	37-50	Arnold, Alsey	37	T. P.	11
Allred, Amanda	24	Sarah	28		

INDEX

NAME	PAGE	NAME	PAGE	NAME	PAGE
Bailey, W. M.	6	Barnes, John W.	84	Bell, Annie	88
W. H.	88	Mary O.	51	Elbert H.	65-71
Wm. H.	75	William	9-77	Francis M.	49
Baker, Archibald	10	Barrett, G. A.	18	H.	88-91
D. S.	66-79	G. H.	12-17-20-56	Isaac M.	15
Mary Ann	91		57	James	63-96
Sarah Jane	10	T. H.	14	J. M.	26-64
Ballard, Geo. W.	50	Barron, E.	94	John	89
Rebecca B.	1	Mrs. Elisabeth	78	Miriam	91
Ballaw, Joshua	32	Eliza	89	Thomas	44-46
Ballenger, Augustus	21	Martha J.	32	Bennett, John F.	16
Ballew, Inon	84	Samuel	59	Richmond	89
Lidey Eliza	70	Samuel P.	42	Bickham, M. J.	63
Ballow, Martha Jane	45	Solomon	22	W. F.	45-84
Martin	48	Thomas	39-83-85-86	William F.	84
Thomas	37	William	37	Bird, Ritty	94
Balus, William J.	10	Bass, William	67	Black, Curtis	4
Bankston, H. J.	73	Bates, S. C.	84	Jesse W.	60-74
H. S.	89	Batton, Henry	32	Loramy J.	60
Marshall	20	Baxter, Mariah L.	51	Margaret C.	94
Martha J.	72	Beacham, H. S.	70	Mary E.	47
Barber, Mary	98	Hugh S.	76-91	Rebecca Jane	30
S.	98	Margaret L.	48	Samantha	42
W. T.	97	Nancy S.	62	Wm.	47
Bardwell, Benjamin	98	Samuel P.	10-35	William G.	42-62
		Thos. N.	48	Blocker, Mrs. Mary E	31
Susanna	37	William L.	7	Bloom, Joseph	56
Waitsell	6	Beall, Martha J.	48	Blue, Calvin	39
Wartel	37	Beard, Mrs. Mary	13	Boatright, E. D.	53
Barker, William H	66	Mrs. Susannah	4	Bolls, W. W.	91-92-97
Barland, Andrew	5	Beasley, Abraham	13-18-54	Bondurant, William H.	74
Barley, Wm. G.	60	Adeline J.	27	Bonom, John B.	78
Barlow, Charity	46	Delilah	85	Boon, Emily	22
Charity F.	57	Elisabeth	82	Boon, William	38
Charity P.	62	George W.	86	Boone, Sarah	23
Gracy A.	93	H.	79	Booth, T. G.	86
Henry Z.	30	John	53	Bordeaux, James M.	22
J. A.	93	John N.	53	John W.	20
John N.	55	John S.	35	Bostick, W. L. B.	36
Luvenia	78	Lewis	56	Bourdeaux, Ann H.	35
Martha E.	70	Reuben M.	44	J. W.	22
Mrs. Matilda	69	Sarah	56	Bowen, John B.	75-79
Mrs. Polly	27	W. C.	78		
Rebecca	11	Wm. C.	78	Bowles, Alfred W.	16
W. J.	93	Beesley, G. W.	72-83	Boyd, Ivy	28
William J.	55	John F.	30	Boyd, Rowan	28
Barnes, Andrew J.	83-86	Rhoda E.	72		
		Beeson, James J.	88		

MARRIAGE RECORDS, COPIAH COUNTY, MISSISSIPPI

NAME	PAGE	NAME	PAGE	NAME	PAGE
Bozeman, James H.	45	Brown, Amanda J.	36	Buie, Susana	23
	49	Andrew,	65-82	Bullock, S.J.M.	52
Brackin, Ann J.	38	Assenith	66	Burk, Allen H.	49
Rebecca	5	Drewery J.	79	Thomas	31
Brant, Mrs. Sarah Ann	15	E. D.	33-44	W. M.	23
Breland, Elisabeth	49	Eliza	20	Burke, John	9
Olive	1	E. R.	14-22	Burnes, Joseph	82
Brent, Lenicy	82	Fountain W.	90	Burnet, John W.	11
Martha L.	18	Hester Ann	24	Burnett, Geo. H.	84
M. T.	71	Hezekia G.D.	22	J. G.	36
Miss N.E.	75	John B.	89-90	John P.	60
Sarah A.	71	John M.	46	Burnham, William D.	8
W. B.	38-47-75	John T.	97	Burnley, Edwin	51
William R.	60	Levena	55	H.	79
Brian, T. T.	54	Levina	46	Burt, Andrew Jackson	
Timothy T.	31	Malissia A.	50		90
Bridges, Alsey N	76	Mary	94	Daniel	93
Floyd	83	Mary E.	8-21	James H.	93
Franklin	43	Nancy	58	J. H.	90
James	59	Nancy G.	5	Burton, H. D.	72-74
Martha	21	Randolph W.	33	Virginia	4
Martin	21	Samantha	45	Buskirk, George Van	15
Mary	79	Samantha A.L.	82	Busley, Sarah A.	12
Matilda	47	Susan	31-64	Butler, B. T.	73
Rankin	24	Thos.	74-79	Elijah N.	32
R. R.	3-5-7	T. W.	64	Jesse W.	6-7-10-12
Samuel	51	T. Washington	55		13
Briggs, Martha A.	23	William	25	John E.	13-23
William F.	3	William J.	43	J. P.	1
Britt, Asberry	94	Browning, Comelia H.		Julia A.E.	73
Elsberry	31		72	J. W.	1-2-15-16-17
Granberry	56-57-	Margaret	42	W. J.	17
	93	Susan E.	34	Byrd, William T.	14
Jonathan	75	Brumley, Middleton	23		
Maberry	77-96	Brunaman, J.H.	13		
Mabry	68	Bryan, T.T.	88	Cade, James L.	45-81
Matilda	96	Bryster, Pheriba	4	Stephen M.	28
Britton, John	88	Buckley, Allison F.	72	Stephen W. J.	25
Brooks, Artemissa	6	Seburn C.	63	Cagle, E.	83
Joseph	53	Bufkin, David	30-32	Isaac	2
Broom, John F.	84	Margaret	36	Jesse	79
Margaret	41	Mrs. Selah	69	Cagler, Jesse	20-25
Mercy C.	88	Buie, Araminta B.	59	Cain, David	93
Neoma	69	Dorothy	36	Calcote, E. M.	69
William J.	30	Elisabeth	33-85	Calhoun, James A.	81
Brower, E.D.	6-13-19	Emily C.	73		82
20-33-46-47-51-52		Mortimer	85	Callender, I.S.	90
57-85		Neill	36-73	Isaiah	6

INDEX

NAME	PAGE	NAME	PAGE	NAME	PAGE
Callender, James S.	11	Case, Elisabeth	76	Chandler, W. B.	38
Jane E.	70	Elisabeth J.	76	Chapman, J. B.	98
J. W.	71	Gilbert	49-73	Thomas	61
Louisa A.	5	Hiram	87	Charlton, Miss J. J.	89
Mary M.	2	J. B.	77-86	Cheek, William K.	79
Robert S.	11-27	James M.	66-77-83	W. R.	92
Sarah E.	11	Jasper	87	Cheshire, Watson L.	7
W. A.	95	John	62	Chiles, Joseph B.	58
Willis B.	41	Martha	49	Chisco, Jourdan	14
Camack, Martha J.	80	Merriday	64	Chism, C. J.	70
Thomas	8	Nancy	87	Chrisler, Margaret	74
Wm.	54-59	Paterson	73	Chrisman, J. D.	80
Cammack, Ann	15	Rebecca	37	T. J.	82
Martha	18	Sarah	8	Clark, David	36
Sarah F.	53	Thos.	76	William H.	66
William	15-18-50	Thomas	62	W. R.	81
Campbell, John	48	Wm.	8	Clement, G. S.	5
Rob't.	98	William	73	G. W.	95
Caradine, J. G.	86	W. R.	95	Coates, Eliza J.	83
Carlas, Isabella W.	57	Casey, John C.	63	Cobb, E.	27
Carlilse, Susan	32	Cason, Elvira	11	Elisabeth	31
Thomas	59	Mrs. Frances	60	Geo. W.	20-30-31
Carney, George R.	89	Jesse	11	Jesse W.	49
Margaret A.	47	Mary A.	5	Nancy J.	77
Pamelia	38	Cassidy, Julianna	20	Cochran, R. C.	35-45
Carodine, James G.	78	Cassity, Providence	7	46-50-51-52-53-54	
Carpenter, Adeline	50	Cassidy, W. F.	20	55-56-73-74-75-78-	
Carravan, Ellen	95	Cassity, William F	51	79-80-81-82-83-85-	
Carraway, David	41	Cassius, John	80	86-87-89	
Carroll, Mrs. Sarah	33	Caston, W. F.	80	Rob't. C.	81
Carter, A. G.	51	Catchings, Eliza H.	19	Wm. W.	11
Anna Jane	49	Frances E.	27	Cocke, Stephen	90
Augustus	4	Joseph B.	21	Coff, Moses F.	87
Carrol	61-65	L. J.	67	Cogdale, David	84
Edmond L.	84	Harriet E.	41	Cogdell, David	54
Eliza	25	S. S.	12	Margaret	16
Frances	63	Cato, Caroline A.	59	Cogsdale, Julia Ann	14
H.	73	Frances E.	25	Cohn, A.	80
Pracilla	48	Henry	79	Albert	73
Thomas G.	7-14	L. N.	49	Cole, Sarah E.	43
W. H.	60-81-85-87	Causey, Celina J.	25	Coleman, Henry	8
	92-94-95-96	Caves, Jeff C.	92	Jas. M.	81-94
Wm. H.	85	Cessna, R. A.	90	Melissa A.	14
Case, Alexander	20	Chance, Celia Ann	67	R. T.	26-48
Allen W.	42	Eli	46-67	Collins, A. J.	20
A. M.	70	Eli Z.	25	Elisabeth	93
Amanda	77	John	25	Mary Ann	18
Barbery	73	Mary Jane	46	Collum, Angus	36
Celia	8				

MARRIAGE RECORDS, COPIAH COUNTY, MISSISSIPPI

INDEX

NAME	PAGE
Conklin, Elijah	54
Conn, B. F.	91
Henry W.	28-67
Leacy J.	68
Margaret	91
Matthew T.	8
M. T.	6-10-12-14-16-17-18-19-21-22-29-34-32-41-49-50-59-60-63-73-75-79-80-89-90
M. G.	29-38
Nancy	28
William	16
Conner, Abraham	14
Mrs. Mary Ann A.	52
Cook, Jefferson W.	77
John	80
John H.	12
M.	53-57-79-91-94-95-96
Mrs. Malinda	56
Morris	8-14-15-20-1-2-3-30-47
Pheba W.	10
W. W.	1-6-9-25-11-13
Cooper, C. C.	14
Mrs. Elisabeth J.	60
Mahala	33
R. C.	34
Sarah	92
William C.	74
Coor, Ann J.	21
Daniel K.	7-18-21-36-46
D. K.	60
James M.	76
J. M.	76
John	26
P. K.	42
Rufus K.	83
Corley, B. W.	19
E. W.	15-16-21-23-24-25-26-27-28-29-31-32-45-62-66
G. W.	14
James	19-71

NAME	PAGE
Corley, John F.	41
Margaret F.	39
Thos. J.	60
Costley, Wm. L.	52
Cottingham, Careasa M.	19
Thomas R.	17
Courtney, J. A. M.	22
Covington, H. C.	73
Cox, A. M.	62
J. M.	38
Matilda	45
Cozens, Elisabeth J.	67
Cranfield, Daniel	27
Harriet L.	11
Jared H.	69
J. H.	93
Crawford, Abeline	55
Benjamin	50
Benjamin A.	34-62-69
Caroline M.	64
Elizabeth J.	95
Hulday	64
James B.	33
James A. J.	7-44
James J.	31
J. L.	20
John L.	36
J. N.	64
John N.	67
John W.	85
Mary E.	48
Nancy C.	44
Paletine	25
R. H.	95
Robert F.	99
S. J.	55
William M.	21-27
Crider, Amanda B.	80
A. W.	72-82
Caroline M.	72
Sarah E.	7
Criscoe, Mrs. Malissa Ann	74
Crisler, George	2
Cruise, John W.	47
Crum, B. A.	93
D. A.	94
Crump, J. B.	59

NAME	PAGE
Crump, John B.	56
Cudd, J. D.	74-75-81-85-89
Cunningham, C.	65
Louisa M.	74
Cupit, Isaac B.	92
Currie, C. C.	84
Cyrus C.	69
E. C.	66
N. M.	56
R. M.	64
S. B.	69
Curry, R. M.	65-66
Curtis, D. F.	65
Mrs. Elizabeth	78
Jane	14
John	2-15-23
M. M.	63
Moses M.	43
Dailey, Wm. L.	32
Dampeer, L. M.	65
Davenport, E. M. (Mrs.)	50
Davis, Assenith D.	2
Ann	67
David	3-4
Edwin R.	59
Eldridge G.	19
Hosea B.	65
Isabella E.	51
Isreal	5
J. C.	84-88
John	2
John H.	42
Margaret E.	53-91
Mrs. Martha A.	23
Martha L.	56
Mary M.	26
Nancy Ann	45
Mrs. Nancy	89
Penelope	32
Rebecca	2
Rebecca Jane	6
Sarah A.	21
Susannah	65
Thomas	24
Unity	3

INDEX

NAME	PAGE
Davis, William	5
William F.	44-54
W. F.	51-86
Wm. L.	56
W. W.	26-82
Wm. W.	82
Woodward W.	18-29
Zeus	2
Zias	6
Day, Adeline	62
B. B.	79-69
Bluford B.	81
Eliza	13
Emily	35
Deason, Capt. John B.	24
W. M.	56
Deaton, Lovina	46
Mary E.	4-6-65
Pinkney	46
Decell, Francis J.	79
George L.	69
Jasper N.	75
Mary A.	53
T. D.	72
T. G.	53
Thomas G.	73-80-81
Deets, D. J.	69
E. J.	86
Elbert J.	77
Dees, Eveline	62
Deford, Celia Ann	46
Denham, Elbert W.	82
Mrs. Sarah	6
Dew, Ady	60
John	67
Dickens, B. A.	21
Elijah	26
James	2
John M.	3-5
Manerva	10
Mrs. Martha	28
Minerva J.	23
Mrs. Polly	8
Dillard, E. Francis	84
Franklin	31-79
Mary Jane	80
Dixon, Church	10

NAME	PAGE
Dixon, Thomas	10
Dodds, E. A.	50
Samuel D.	16
Sarah H.	11
T. H.	58-60-61-11-66
Thos. J.	60
William D.	47
Donahoe, Enos	83-61
Mary E.	61
Mrs. Phebe	61
Roxy Ann	58
Susan	47
Dooling, Isaac	94
Douglas, Geo.	36
James M.	36
Douglass, Alex J.	32
Allsy	7
Catherine	75
D. W.	88
E.	37-39-44-48-50-51-53-54-55-56-65-67
Elisha	38-41
Laura J.	54
Martha A.	86
Dowdy, Coleman	90
Dreadin, Mary Ann	16
Dunbar, Jackson	22-30
John	56
L.	13
Margaret J.	94
Dunagan, Elizabeth J.	85
Dunegan, Elizabeth	90
Dungan, Elisabeth J.	34
George	60
John	9-47
Mrs. Lucinda	54
Lucendy	62
Dunn, Dennis	32
Dunning, Hugh	41-50
Durr, Barbara M.	72
Eagan, Margaret J.	80
East, James	35

NAME	PAGE
East, Josiah, Jr.	43
Lemuel L.	77
Mary E.	35
Nancy	79
Wm.	64-76-77-79-82-86-89
William	84-96
Edwards, Harriet E.	70
Isaac N.	42-84
James D.	9
John	9-85
Nancy M.	48
Sarah E.	44
William A.	19
Ellington, Jamerson	54
Ellis, Dan'l M.	81
Emily M.	96
George W.	89
Lott W.	9
Louisa A.	81
L. W.	53
Margaret E.	41
Martha E.	34
Rhoda	92
Richmond C.	12
Susan	9
Warren M.	28-67-68-86
Warren W.	65
Willis	23
Wm.	60-62-65
W. M.	4-9-23-63-65-68-89
Ellzey, Narcissa	22
Robert	22
Embry, John J.	89
Englemore, Henry P.	86
Enochs, J. F.	30
Wm. C.	30
Eavans, John	11
Evans, Elvira	46
Isiah	46
Joel	75
Joel F.	46-53-65-89-68-70
J. M.	39
John	90

INDEX

NAME	PAGE	NAME	PAGE	NAME	PAGE
Evans, Josephus	6	Farmer, William	9-46	Fortenberry, James R.	15
Martha S.	11	Farris, Frances E.	52	Mrs. Mary	63
Mary	26	Fatheree, John	23	O. O.	63
Moses	6	Fathree, John	15-92	Owen C.	22
R. P.	84	Felder, John	69	Sarah E.	62
William T.	17	Felts, Lewis D.	24	Susanna	45
W. T.	75	Fendley, B. D.	87	Talitha	63
Entrakin, Joseph	16	Mary A.	87	Fortner, John	19
Entrican, Jackson	43	Ferguson, E.	53	Subbowney	19
Ercanbrack, D.	46-47	Hester Ann	29	Foster, Allen	2
L. 41-43-47-52-	57	Isom	96	B. C.	47
78-80-	82	James P.	50	Cynthia	1
Erranton, J. M.	22-23	Jesse W.	57	George W.	68
Ervin, Emeline	41	Joseph	57	Isaac	1
Henry	41	J. W.	31	Isabel A.	18
H. P.	42	Martha C.	56	James	25-87
Hugh F.	57	Mary J.	96	Mrs. Jane	92
Margaret E.	75	Moses 18-35-36-	37	Joseph Allen	25
Pope	49	Seaborn	31	Martha	35
Thomas G.	42	S. P.	45	Martha E.	12
(NOTE: see Evans above)		William O.	69	Mary M.	2
		Wm.	56	Matilda J.	82
		Fewell, Nancy E.	72	M. H.	3
		Fields, Solomon	62	R. G.	25
Fairbanks, Edwin J.	36	Fife, Baff	29	Shem T.	71
Fairchild, Elbert L.	8	Isaiah	23	William	69
J. R.	8	Mary	59	William L.	30
Fairchilds, E. L.	73-86	Finley, G. J.	63	William T.	14
		Nicholas	6	Foxworth, John	44
Fairman, Augusta E.	64	Noris	36	Francis, M. W.	71
J. O.	64-80	Z.	36	N. W. 56-88-	90
Fanning, Ann S.	93	Z. J.	47	Rebecca Jane	71
D. C.	37	Fleming, David R.	39	Frasure, John	22
J. O.	87	S. J.	59	Freeman, David	8
Farmer, Anna	44	Fletcher, Wm. B.	84	Elvin	57
Asa W.	72	Flowers, Hiram G.	30	E. R.	92
Cynthia	46	Floyd, Everet L.	55	H. L.	52
Erros	14	Fluim, William T.	71	James	8
G.	80	Ford, Daniel Z.	68	Lethie A.	8
J. M.	94-98	J. J.	49	Martha A.	80
John	84	Joseph W.	18	Mrs. Mary	88
Lucy	57	Mary Ann	24	Sarah E.	56
Mary	79-84	Mary E.	83	Sarah J.	67
Nancy	71	Pricilla	47	Frink, A. H.	11
Milly	44	R.	47	Frizell, James E.	83
Rutha	48	T. G.	47	Fulgham, Joel	33
Sarah	83	Fore, C. O.	79	John A.	64
Simon 44-52-	71	Mrs. Rebecca	79	Margaret M.	69

MARRIAGE RECORDS, COPIAH COUNTY, MISSISSIPPI

INDEX

NAME	PAGE
Fulgham, Mary E.	55
Noel N.	72
Sarah J.	42
Fuller, William	95
Funchess, F. J.	42-49
Mrs. Susan	46
Wesley W.	18
W. W.	88-93
Furgerson, A. L.	78
Davis	11
Elbert	4-24-29-39
Jane E.	58
Joseph	63
Sarah Ann E.	63
Wm.	55
Furlow, James M.	70
M. L.	89
Robert A.	36
William	35
Furr, D. W.	35-53
Everett	1-2-5
Eli	15
E. W.	41-58-82
Geo. W.	69-91
G. W.	34-38-42-43-45-46-48-51-52-55-57-58-63-68-70-71-72-76-77-83-88-94-95
Harvey	1-20
Henry	34-72
Isaac	85
John J.	48
Paul	70
Futch, Sarah	55
Gaddy, D.	54
Leviny Jane	75
Mrs. Sophia	87
Gallaspy, David	17
Gallman, W. B.	79-96
Gardner, Ashael	20
George	34
Garner, Mary	64
Garrett, W. B. F.	12
Gaskin, John	91

NAME	PAGE
Gates, D. C.	72
Mrs. Mary Ann	3
N. B.	42
R. G.	42
Sarah	2
George, John E.	5
German, Miss M. L.	93
Gibson, A. J.	76-88
Gibson or Hagan, Amanda	93
Gibson, Austin	18
George W. H.	18
William	98
Gilbert, Jane	29
Nancy A.	31
W. F.	54
Webster	31
Gilchrist, John	27
Gillaspie, Mary F.	99
Gillaspy, Martha A.	93
Gillis, Harriet E.	87
John	5
John A.	75
Wm. W.	34
William W.	51
Gilmer, Fredonia A.	77
Mrs. M. A.	82
Martha	79
Gilmore, Columbia	27
Gladden, Sarah	23
Godbold, Bluford D.	77
James F.	70
James M.	70
Goff, E. H.	78
Moses F.	36
Moses S.	39
Goforth, A. J.	58
Going, Josiah	53
Goleman, John J.	34
Goode, Thomas J.	20
Goodwin, Ruth	44
Gordon, Kathleen	96
Margaret D.	63
Thomas D.	63
W. H.	60-62-64
William H.	21
Gowan, Margaret E.	21
Gowens, J. N.	80
Gowins, John N.	80

NAME	PAGE
Goza, Eliza	17
Geo. W.	59
G. W.	60-65-69
James W.	1-58
Nancy F.	1
Nathaniel	4
Nathaniel B.	59
S. W.	58
Granberry, Benj. F.	34
	59
G. R.	54
Susan D.	65
Grant, Mrs. Elizabeth W	79
Graves, Adelia F.	66
Mrs. Charity	52
Claiborne	44
Eli	38
H. J.	94
J. A.	17
J. C.	37
John C.	34-38
Malissa	27
Mary L.	94
R. M.	88-95
Tamer	18
William	16
Green, A. E.	84
Calvin	13
G. W. L.	13
James	56
J. M.	65
J. S.	1
Martha	20
Mary D.	66
Nancy	13
Mrs. V. D.	6
W. F.	14-15-18-23-25-27-28-29-33-34-35-36-38-39-41
Wm. F.	32
Greenlee, Eliza	3
Malinda	86
Robt. B.	91
Gresham, Anna Jane	52
B.	21-28-32-37-38-39-42-43-44-45-49-52-55-57-58-59

MARRIAGE RECORDS, COPIAH COUNTY, MISSISSIPPI

INDEX

NAME	PAGE	NAME	PAGE	NAME	PAGE
Gresham, E.	25	Hadley, Mrs. Prudence	-63	Harper, J. W.	61
H. B.	52			James W. F.	98
Nancy	86	Hagan, Cassandra	36	Martha E. G.	39
Rebecca	12	David	13	Mary M.	66
Sarah	61	Julia Ann	13	P. W. 32-82-	92
Grice, Nancy	13	Martha	2	Paul W. 3-6-13-	20
Griffin, Mrs. Elizabeth	15	William B.	74	22-29-31-36-53-	54
		Haley, J. A.	14-95	63-65-76-83-87-90-	
Richard	51	Lucretia	43		-98
Wade Hampton	23	Mary A.	95	Harrington, J. B.	17
Griffing, Daniel M.	11	Mary E.	63	Mrs. Sarah	61
D. M.	63	Wm. 1-4-12-14-19		William	4
Stephen A.	11	20-50-		Harris, Benjamin	22
Guess, Charles M.	49		-82	Eliza	41
Cynthia Ann	25	William	71	Mrs. Elizabeth	5
Louisa C.	54	Wm. M.	10	Emily E.	5
S. L.	72	Hall, Caroline	47	Eveline	15
Gunnels, Amanda P.	45	J. B.	71	Francis E.	80
Gunneralls, Lucinda	3	Jerome B. 35-	60	H. A.	31
Gennerells, Sarah H.	5	Julia Ann	12	H. J. 24-25-29-	34
Gurley, Joseph E.	58	Robert	7	Heneretta	9
Gustavus, Elisabeth	43	Halloway, Lewis B.	16	Henry J.	25
F. A.	90	Hamilton, Adaline	53	James R.	76
John	6-7	Benjamin F.	87	James S.	84
Micajah	59	David	87	John	96
Rhoda	7	George	7	John C.	70
T. A.	43	George B.	98	J. R.	75
Thomas A.	1	G. W.	3-64	L. B. 50-74-80-	89
Wm.	59	Henry	12		-91
William V.	60	Lucy	7	L. P.	99
Guynes, Alvada	6	Margaret	64	M. B. 50-59-65-	67
Amanda	25	Mary C.	5	Martha A.	96
B. F.	94-25	Sarah	54	Mary G.	23
Bryant F.	28	T. W. 64-68-	69	Merry B.	36-68
Bryant S.	32	Thomas W. 1-6-14		Nancy E.	10
C. W.	77	17-18-22-23-	33	Robert E. 3-	10
Delila A.	94	W. C.	8	Sally	98
Elbert	7-59-80	Hamsborough, Peyton-	26	Wiley P.	36
Henry H.	38			Harrison, Miranda C.-	
H. H. 27-29-33-39-		Hanna, James	16	(Amanda)	39
42-43-44-45-	46	Hannon, Margaret Ann	-30	B.	14
John 12-29-33-37-				Frances A.	93
	39-86	William	10	Green B.	45
John F.	87	Hardin, P. C.	38	Henry B.	85
Matilda A.	37	Hardy, G. W.	90	Malinda	91
Meranda	44	Hargraves, Mrs. Eliz-		Margarett	75
M. C.	80	abeth C.	83	Martha E.	17
N. L.	58-60	Jesse P.	19	Nancy A.	71
William	98	Harlan, Enos	54	William B. 65-	71
Wyatt	43	Harmon, William A.	53	Hartley, Elizabeth M	-32

MARRIAGE RECORDS, COPIAH COUNTY, MISSISSIPPI

INDEX

NAME	PAGE	NAME	PAGE	NAME	PAGE
Hartley, Frances	51	Hennington, Dorcas M	-80	Higdon, Elizabeth J	9
George	62			John T.	19
Henry	91	Elisabeth	75	Nancy	76
John F.	54	Elizabeth M.	5	Wm.	46
John T.	32	Green W.	78	William M.	28
Malinda	91	H.	52-54	Hilbome, James M.	7
Nancy	50	Henry	6-9-17-27	Hilbun, Caroline	54
Richard S.	16		39-47-48-50-52	Sarah A.	26
Samantha	13		61-64-66-67-71	Hilburn, Eliza	67
Susan R.	7		72-75-80-83-85	Hill, A. J.	10-15
Wm.	10		91-94	Miss F. C.	73
William	68	Henry J.	17-32	Jacob H.	91
William C.	43	Hessie	94	J. K.	3-23-96
William H.	50-85	J. B.	30	Jacob K.	41-96
Hartlin, Moses	68	J. E.	5-66	John A. E.	4
Harty, Eliza	32	J. J.	28	Sarah A. F.	79
Harvey, Adeline R.	28	J. S.	64	Hitson, T. J.	83
C. K.	79	Joshua S.	67	Hiveley, Peter C.	94
Clark K.	75	J. W.	21	Hodge, James	29-51
Elisabeth A.	31	John W.	47		55-62
Mrs. Hannah	3	Leveny	56	Hodges, Daniel	33-34
Samuel P.	88	Nancy S.	17		-35
Harvill, Mary Jane	22	Rachel	6-27	Martha E.	35
Harviston, Uriah	1-2	R. T.	47	Mrs. Sarah Ann	81
	7-8-9-15	Sentia Ann	30	Hogg, Rebecca	79
Harwill, Eliza W.	3	Susannah	18	Stephen	9
Hawkins, Benjamin K.	21	W. G.	94	Hoggatt, Isaac	5
Hayes, Ann Jane	31	Herrin, Sarah	15	Holden, Permelia	53
J. W.	31-81	Herring, David A.	96	Holliday, Elisabeth	36
Haygood, Caroline	85	Margaret J.	32	F. M.	17-67
Hayman, Nicholus	29-39	Herrington, Samuel O	-70	Gibson L.	11
Haynes, Mary	65			Oliver P.	71
Nancy	86	Hessie (Hervie) Mrs		Sarah Jane	43
Hays, Cynthia	6	Elizabeth	30	Thomas A.	53
Haywood, James	28	Hester, Josiah	67	T. L.	82
Heath, John	47	Mary E.	81	Thomas L.	41
Heard, Stephen	16-47	William T.	81-82	Holloway, L. B.	52-57
Hedrick, Benjamin F.	51	Hewitt, William	21	L. D.	94
William C.	47	Hickey, T. C.	98	S. B.	33
Held, G. W.	26	Hicklin, Margaret	16	Holman, Mary A. E.	89
Hemphill, Robert	89	Hickman, A. D.	36	Holmes, Elijah	42
Henderson, Mrs. Zilla	30	Asberry D.	85	Jesse	41
Hendrick, John A.	4	Brinkley	9	William	37
Marion	64	F. M.	66	Honea, Calvin	18
Hendricks, William	4	Mrs. Nancy	80	Letitia	36
Hendry, Hela	60	Hicks, Elizabeth	50	Wilks	4
Hennington, Angeline B.	-84	Lucy	54	Hood, J. A.	67
		Virginia	84	J. J.	82
Caroline R.	75	Higdon, Bud	58-65-83	James J.	24

MARRIAGE RECORDS, COPIAH COUNTY, MISSISSIPPI

INDEX

NAME	PAGE	NAME	PAGE	NAME	PAGE
Hood, Jesse F.	22	Jackson, Gilbert E. 34-58		Johnson, Martha Ann	52
John C.	25			Mary E.	9
Hopkins, J. M.	48	John	92	Moses	36-63
James	42	Nancy L.	77	Nancy	29
John W.	56	Nathan A.	86	Rebecca	56
Samuel J.	8	Mrs. Rebecca	62	Sampson J.	62
Hoskins, Mary C.	82	Susan	34	S. H. 3-23-29-	31
Howard, J. B.	36	Jacobs, Benj. B.	3	S. J.	36-42
L. B.	2	M.	56	S. S.	9
Howell, Lenora	7	Mordecai	13-14	W. B.	71-72
Matilda	67	James, Adaline	92	Jones, Dudley W.	95
Nancy	66	Augustus	68	Edy	4
S. F.	35	Benjamin F.	8	Elisabeth	11-74
Virginia	38	Benjamin H.	10	Evan T.	54
Hubert, N. W.	75	Elisabeth	10-34	Henry J.	98
Hudnall, Augustus	80	Hugh	46	J. B.	92
J. G.	50-58	James	52	Jemima	90
Jesse	13	John A.	16-41-89	John W.	2
T. A.	56	Mary	63	Joseph B.	58
Wm.	10	Mary E.	63	Malinda	26
Willis	56	Sarah Ann	32	Margaret	5
Hudson, J. P.	1	Susan	41	S. R.	16
Josephine	72	Tenor	52	Thos. 27-30-32-	58
Richard B.	67	William	34	Thomas 25-26-27-	30
Thos. J.	90	Jamison, Wiley J.	86	31-78-	95
William A.	32	Jarrell, J. R.	74	W. A. J.	94
William M.	10	Jeanes, Tenon	45	William	4
Hughes, H. T.	56-75	Jelks, Caroline	4	William H.	18
Mary	19	Jenkins, Allen B.	9-41	Jordan, B. C.	88
Mellisa Ann	54			B. L.	51
Monroe	61	Benajah S.	47	E. C.	51
R. P.	75	Elisha N.	23	Edmon C.	53
Wiley J.	58	John C.	58	Elisabeth	53
Hughs, Mrs. Levinsey		S. G.	59-92	James J.	81
Jane	-97	Sophronia	4	J. B.	49
Malissa A.	79	Sterling G. 48-47 49-50-52-53- 58-66-92	55	J. J.	88-97
Hutchins, Elisabeth	82			Joseph B.	35
Hutson, Thos. J.	89-93			Mrs. Mary	49
		Susanna	5	Sarah E.	49
		W. T.	39-50	W. H.	53
Invin, D. D.	51	Johns, Adam	45	Jourdan, Radford	4
Ivey, Mrs. Amanda	80	Johnson, Catharine	52		
		Clark	17		
		Frances	63	Kamsus, Thos. J.	45
Jackson, Adeline	31	H. C.	76	Kees, Margaret	95
Brantley	51-70-86	Harvey W.	46	Keith, James J.	13
Edward	23	J. C.	26	M. B.	41
Elijah	30	John G.	15	Keithley, Cornelia A.	42

MARRIAGE RECORDS, COPIAH COUNTY, MISSISSIPPI

INDEX

NAME	PAGE
Keithley, Laura M.	80
Keller, Francis A.	39
Mary Ann	24
R. G.	5
Kelly, Cicero J.	87
Elsabeth	52
Ephram	32
Kelley, E. K.	76
Kelly, F. L.	95
Kelley, James W.	53
Jane	36
Joseph	90
Mary Jane	90
Kelly, Michael	59
Kelley, Sarah A.	76
Kelly, William	94
Kendrick, J. H.	95
Jane E.	95
John	99
Margaret A.	78
Kennedy, Adadiah J.	68
Emily	72
J. W.	68
John W.	54-64
Robert B.	4
Kerkly, Eliza	38-59
Kersh, Allen J.	61
Margaret E.	61
Kilcrease, G. W.	54-84
Mary Ann	78
Kile, Gideon	91
Kilpatrick, Mrs. Sarah E.	-48
W. A.	66
William C.	44
William J.	37
Kimble, Samuel B.	7
Kinabrew, David	4-49
King, Ann P.	50
B.	12-19
Benj.	15-58-98
Frederick M.	15
James	34
James R.	97
Julia L.	90
Martha V. G.	92
Mary Ann	97
Rufus R.	98
William	79
Kinnebrew, Edwin W.	68
Elisabeth	65
E. W.	74
Leonard	29
Martha	29
Sarah	33
Susan	64
Kirkindall, L.	2
Kirkland, Moses	25
Richard	25
Kirkley, Equilly	82
John	63
Samuel	93
Knight, Henry L.	9-15
Nancy C.	57
S. B.	61-74
Samuel B.	56
Sarah J.	81
Talton	86
Thomas	57
Krentel, Christian	98
Kyle, Alfred	93
Caroline	98
Eliza E.	68
Mrs. Elizabeth	60
Mrs. Francis	31
Gideon	81
Harvey	17-67
Laird, A. M.	55
Lambright, Mary J.	31
William L.	79
Landers, W. A.	61-64
W. H.	62-63-67-68-70-71
William H.	21
Lappin, Henry	97
Larkin, W. B.	18
Laughlin, John	89
Lawrence, Penolope	4
Mrs. Sarah	15
Layne, J. M.	39
Lazarus, Barnabus P.	-70
Lea, Amanda L.	77
C. H.	79
Luke	77
Leach, Mrs. Sarah A.	44
Lee, A. P.	70
C. M.	70
Cresey	22
Eliza	15
J. G.	51
Mrs. Jane	30
John	15
John G.	2-10-11-14-15
Melissa	99
Needham	96
Richard	70-74-87
William H.	10
Leggett, B.	42-47
D.	45-47-52-76-78-90
Daniel	2-7-9-11-13-14-15-16-18-19-21-26-30-35-37-43-46-55-58-78-79-91-94-95-99
D. C.	71-85-86
Elisha	29
Frances E.	86
Jesse	7
John	26
Lewellan	15
Mary Ann	37
William	71
Leonard, William	10
Leroy, H. F.	82
Lewis, Almira A.	75
Artilecia A.	28
E. G.	46-59
Eli G.	60
Elisabeth	47
John	87
Joseph L.	59-51-75
Mary	67
Mrs. Mary Ann	23
Sarah H.	78
Sarah W.	97
William A.	31
Light, J. A.	51
Lilley, Lucinda	97
Elizabeth	51
J. T.	68

INDEX

NAME	PAGE
Lilley, T. J.	59
Wesley	45-49
Mrs. Katherine	81
Lilly, Martha Rebecca	88
Linder, A. B.	60
E. G.	98
Parthena	6
Uriah	6
Lindsey, Augustus E.	83
Little, Andrew B.	30
Cherila C.	71
Matilda	43
Mary C.	74
Lloyd, John H.	25
Wm. M.	14
Loftin, Samuel	37
Lofton, A. B.	25
Long, William	4
Caroline M.	7
Lopez, John	72
Lord, A. Y.	24-37-75
Malinda C.	85
Love, Mariah L.	25
Simeon	11
Lovel, Exer	7
Loving, Nancy H.	50
Polly	20
William	72
Low, G. D.	93
Lowe, Aaron B.	41-86
Ann L.	9
Mrs. Anna	92
D. B.	95
E. F.	12-89
Edmund F.	21
Isaac N.	12-22
Jesse	85
Malora J.	59
Margaret E.	12
Sarah A.	23
Sarah E.	18
Tamer	12
Lum, A. R.	58-59-60-65-69-73-76-86-87-89-90
David	10-67
Sarah C.	35
William	35
Lusk, A. J.	94

NAME	PAGE
Lusk, Andrew J.	25
Silas R.	2
Lyles, J. N.	73
Lyon, James M.	3
Lyons, Levi T.	84
McCalif, Margaret F.	-79
McCalip, Daniel	4-49
F. C.	18
Fielding C.	23
Martha M.	10
McCall, John P.	29
O.	48
McCallum, Angus	66-91
Jonathan	91
McCarty, O. F.	44
McCaskill, Amanda	38
McClelland, Wm.	79
McCormick, D. F.	91
Doug	96
McDaniel, Allen	16
Catherine	73
Elisabeth	55
Martha J.	48
McDonald, Charity	29
Frances E.	64
J. M.	4-18
John M.	3
William	87
McDugale, Neil M.	3
McElves, S. H.	92
McGee, Evan S.	97
John C.	2
Margaret R.	73
Mary A.	91
Mary M.	91
Michael	18
McGowan, A. B.	80
McGrew, William P.	6
McGrunagill, Emily	84
McGuinness, Cornelius	-8
McIntosh, C. W.	81
F. M.	89
Francis M.	86
James S.	89

NAME	PAGE
McIntosh, John	43-64
John H.	13
Mary Jane	64
Pamelia Ann	1
McKay, Sarah R.	96
Hamden J.	15
McKinley, Joseph	22
McKnight, Louisa	60
McLaurin, Ann Eliza	65
Mary C.	39
Soth	78
Wm. W.	79
McLean, Hugh	38
James	3
McLemore, Juriah	61
Moses	59-61-63
R. J.	60
Reuben	25-97
Virginia Ann	77
McLure, J. W.	62
McMahan, Mary C.	42
McManus, Ann J.	57
Elisabeth	43
Harriet L.	57
J. T.	86
John L.	52
R. H.	57
Rufus K.	57
McMillan, Mary E.	27
McMullen, Elijah	13
John	6
McNabb, Ellen	38
Robert	92
McNair, John E.	87
McNeil, Thos. A.	12-19
McNeill, Mrs. Eliza	58
John	54
Margaret C.	21
Susannah A.A.B.	54
McPherson, Malcolm	26
McQueen, Wm.	54
McRae, (?) W.	96
McRee, Eliza	19
Mary Jane	36
Samuel	16
Sarah E.	90
McThomas, Henry	8
McVay, Amanda	52

MARRIAGE RECORDS, COPIAH COUNTY, MISSISSIPPI

INDEX

NAME	PAGE
McVay, George W.	51
Sarah	32
W. T.	32
McVey, J. W.	4
Macon, Elizabeth K.	37
Magee, Chester	50
Mary A.	18
Magin, Henry	94
Mallet, Sarah	38
Mallory, Mary E.	72
Malone, Jesse J.	91
Maning, Sarah	81
Manning, Henry	5
John C.	58
Mrs. Mary	2
Maples, Arena	32
John	32
Mrs. Margaret A.	71
Sarah	10
Sylvester	81
William D.	55
Mapp, L. F.	88
Marler, Thos. R.	85
Thomas R.	76
Marsh, John	97
Marshall, C. K.	97
James H.	57
Matthew	60
Martin, B. H.	53
Eleanor J.	49
Elizabeth	37
Elisabeth E.	19
Frank M.	86
Franklin M.	56
G. F.	94
G. W.	95-98
J. M.	72
Mary A.	69
Mary Ann	93
Mary E.	36
Penelope	72
Permelia A.	76
Rebecca A.	21
Rebecca Jane	61
W. W.	16-29
Z.	93-95

NAME	PAGE
Massey, Mrs. Anna	20
Evelena M.	86
Mary	68
P. B.	5-10
Susan	68
Warren	23-33-49-62-68-77
Matheny, D.	87
Daniel	20-38
Elisabeth A.	65
Malissa	78
Margaret H.	51
Wm.	67
William	1-3-18
Mathews, John R.	17
Mrs. Lucinda	8
Susan	17
Mathis, Martha	18
Matinly, North America	28
Matthews, Caroline	-30
Henry	7
John	93
John W.	80
Mattingly, Campbell	-20
Elisabeth	59
Thomas	89
Maxey, Sarah Ann	2
Maxwell, Mrs. Mary E.	-47
Thadeus J.	27
Mayes, Herman B.	46
H. D.	82
Mayfield, Geo. W.	99
Meek, James H.	88
Melton, Mrs. Elizabeth	-90
Mendenhall, D. L.	82
Mersham, Israel	71
Meynard, Elisabeth	-41
Middleton, Benjamin	-29
Benjamin P.	56
H. M.	44
John B.	57-82
Samuel T.	47

NAME	PAGE
Miers, Calvin	69
Elisabeth	69
Preston	89
T. M.	97
Vardaman	89
W. V.	69
Miley, Mary E.	92
Miller, Aaron	94
Amanda E.	73
Dicy	16
E. C.	96
Elijah	28-32
Elisha	39
Mrs. Emily J.	44
Jesse W.	44
Joseph D.	49
J. W.	61-62-63
Mrs. Madeline C.	9
Malinda	24
Martha	30
Martha R.	4
R. J.	58
Samuel G.	23
Warren	86-88
Warren W.	1-5-16-88-92-93-97-98
W. M.	88
Wm. N.	85
William	1
Mills, Sarah Ann	35
Millsaps, J.	16-17-18-19-22-23-25-26-34-35-36-37-39-43-44-45-46-55-51-50-49-47-53-54-56-57-58-59-60-61-62-63-65-67-69-70-71-74-75-76-77-78-83-89-91-92-93-95-96-97-98
Millsaps, Jackson	33-36-48-49-61-62-68-72-75-78-79-89-93
Martha	35
Mary A.	81
Rebecca A.	79
Rebecca L.	75
Reuben	34

INDEX 115

NAME	PAGE	NAME	PAGE	NAME	PAGE
Millsaps, Sarah	78	Moore, William W.	66	Murrah, D. M.	54
Thomas E.	65	Moorehead, S. J.	37	Murray, A.	97
Uriah	78-82	Morgan, J. M.	98	Alexander	24-50-
Wm. W.	82	Lizer	88		53-72
Milton, Elizabeth	87	Martha	43	Andrew	70
Minter, Joseph	12	Mary E.	38	James	13-53
Minton, J. M.	94	Mary J.	87	James H.	67
James	16	Susan A.	54	Martha	14
Nancy E.	94	Wm. M.	43	Mrs. Mary	55
William B.	39	Morris, Nathan	48	Rebecca	39
William V.	77	Wm.	92	Tillman	39
Mitchell, Eliza	36	Morrison, John	1	T. H.	70
J. C.	78	Morse, Elijah J.	58	Tillman H.	50
John F.	72	Joel W.	29	Murrey, Alexander	30
P. H.	44	Morton, J. C.	64		-34
Mobley, John M.	90	Moseley, Thos. T.	25	Elizabeth	9
Libbey	56	Moss, Louisa	12	Murry, Alexander	17
Moeshan, Israel	70	Mourse, Emily	83	Mrs. Mary	88
Moffett, Thomas C.P.	3	Mullen, Adaline	98	Muse, Isaac	42-60
Mohon, Alfred J.	76	Celestine	77	Myers, Calvin	87
David	94	Mullens, Francis J	84	Charity Ann	87
Mary A. V.	76	Mary Ann Belinda		D. R.	50
Monroe, Elizabeth	51		-97	Maletha	69
Lockwood	15	Thos. B.	84	Mary E.	68
Montgomery, John	96	W. P.	97	Sarah	27
John N.	41	Mullican, N. R.	24	Wm. N.	68
Martha	35		-30		
Wm.	10	Norvill R.	28		
Moody, A.	32	Mullin, Wm.	8-13-26	Nance, Adaline	91
Alexander	12	31-32-34-35-37-		Nations, Abraham F.	27
Barfield W.	16	38-41-44-47-49-		James M.	24-27
Burel	47	53-54-55-58-66-		James C.	7
Mrs. Caroline	71	73-70-77-	96	John L.	24
Harrison	66	Mullins, A. J.	2	Rebecca Ann	27
John	44-47	D. P.	20-25	Neal, B. R.	70
Robert A.	84	E. F.	59	D. R.	85
W. E.	71	Jane	32	Jeddiah	38
Moore, Angeline	89	Patrick	75	J. R.	77
David C.	71	Polly Bledsoe	34	T. J.	77
Elizabeth R.	20	S. G.	96	Thomas J.	85
F. A.	63	Seth G.	55	Neason, Mary E.	61
John	57	W.	28-29	Neely, Eli	66
John G.	2	W. H.	25	Neil, James Douglas	98
Mary	62	William	11	Neill, Douglass	95
Mary E.	29	Munn, Mrs. Melissa E		Wm.	88-90-95-96-
Sarah A.	20		-62		-98
Thos.	11	Murphy, Thomas C.	55	Nelson, Mrs. Anna	63
William	62	W. D.	85	Christian	41
William J.	13	William	35	Christine	2

MARRIAGE RECORDS, COPIAH COUNTY, MISSISSIPPI

NAME	PAGE	NAME	PAGE	NAME	PAGE
Nesmith, Mary E.	58	Norman, Emagella	17	Owen, Thos.	75
Nesom, Sarah E.	17	F. G. B.	12	W. F.	75
Natherland, Priscilla	-7	James	10	Owens, Thomas	52
Nevill, Mrs. Susana	24	J. M.	17		
Nowell, Christian	80	John F.	17	Pace, Catherine	45
John B.	56-70	Madison G.	48	Page, Abraham	78
Margaret	21	Mary A.	16	Palmer, Elias L.	30
Matilda	68	Mary M.	38	Jeremiah	46
Mrs. Susan	56	M. G.	59	Matilda	76
Thomas	17	Sabra	22	Morgan G.	28
Newman, James	32-87-89-90-91-94-96	Savender	29	William	13
Martha J.	69	North, Eli	3-23	Paramore, F. M.	68
W. S.	81-98	Norton, Mary A.J.	78	Parker, Benj.	18-92
Newsom, Mrs. Lucy	59	Robert W.	74	D. A. J.	42
W. W.	55-71	Norwood, John J.	85	James M.	66-74
Newton, Adam	6-41	Nunary, T. H.	64	John	12
David	42-94	Norton, John P.	36	Leroy	60
Malona	1			Louisa	98
Margaret	42			Nancy	12
Mary	20	Oatis, A. Media	15	Pernecy P.	81
Miles E.	45	Charles B.H.	52	Sarah	95
M. T.	63	Comelius	41	Simon	87-90
William C.	46	Odum, James T.	83	Wm. G.	66
Nicholson, A. B.	66	John J.	77	Parkes, John C.	38-50
	75-80-83-84-99	Lee Sally	96	Parrott, John W.	83
John	57	Olliver, James B.	64	Patrick, A. B. C.	35
Joseph	21	John	1-38	Elisabeth B.	20
Nix, Amanda O.C.	51	O'Neal, Elisabeth	10	Mrs. Jane E.	31
Martha	49	H.	29-48	Nathan	52
Virginia	76	Henry	19	Patterson, Daniel M.	13-33
Nixon, Jabaze H.	42	Lydia	19		
J. C.	2	Malvina Ann	58	Jim H.	86
John C.	34	Margaret A.	20	Thomas D.C.	1-51
Thos.	2-4-6-9-12-14-18-21-23-36	Mrs. Sarah A.	95	Patton, Edmund H.	93
		Sir Charles	93	Mrs. M. C.	70
Noble, Joseph	44	O'Neil, Emaline	48	William D.	19
Noland, A. M.	69	O'Quin, R. B.	92	W. G.	21
M. C.	35	O'Quinn, Ucevia	94	W. Y.	15
Nonnon, Elizabeth L.	84	Osburn, Margaret E.	-94	Wm. Y.	5
Norman, Arthena	85	O.	94	Paul, K. W.	33
Brentha F.	42	Oziah	91	Payne, J. M.	45
Mrs. C. M.	66	Osteen, Martha A.	47	Pearson, Charles A.	14
Dickson C.	12	O'steen, Mary Ann	53	James	76
E. L.	27-47	Osteen, Milton O.	12	Jane	33
Elbert	53	Nancy	2	Peavy, C. W.	83
Elderson H.	19	Otis, Mary Ann	26	Margaret	83
		Owen, Henry H.	75		

MARRIAGE RECORDS, COPIAH COUNTY, MISSISSIPPI

INDEX

NAME	PAGE	NAME	PAGE	NAME	PAGE
Peck, Alfred	13-36-41	Pierce, William G.	- 6	Pullen, J. W.	12
	43-44-45-46-48-49			Purser, Amanda	46
	50-51-52-58-74-76	Pinson, Susanna A.	8	Ann	99
	77-80-84-91-92-93	Pitman, J. T.	71	C. J.	99
J.	13	Frederick	95	E.	9
Josiah	4-15-16-19	Pittman, James	30	Mrs. Eliza	71
	20-32-33	Mrs. Malissa A.	76	Eliza A.	72
Peets, George	90	Pitts, Cicero	83	F.	63
Penn, Edward L.	61	Emeline	74	Henry	15
Perkins, Ann H.	75	J. C.	28-71-78	Ingraham	77
Clarissa	25	John C.	35	Mary A.	71
Eleanor A.	26	Michael T.	46	Purvis, Josiah	3
Emily	47	Nancy	28		
James W.	17	Pont, J. F.	95		
Jane	87	Pool, Harriet E. P.	-58	Quigley, P. Q.	98
John R.	53				
J. R.	48	R. L.	13		
Lydia	13	W. P.	85	Radcliff, James S.	66
Martha	37	Poole, Joseph T. P.	30- 58	Ragsdale, Mrs. Franky	-59
Mrs. Sarah	44	William T.	14	Rainwater, Wm. H.	75
William K.	17-26	Potter, A. L.	61-66	Ramsey, Elizabeth	60
Perrett, Nancy	16	Asa L.	63-64-66	I. D.	69
Wiley	16		70-72-75-79-81	Martha E.	45
Perry, William H.	76		-88	Mary	77
Perryman, D. G.	52	Poulter, W. J.	2	Sarah C.	98
Pettus, Thomas	80	Powell, Alfred A.	53	S. D.	35-65-69-72
Pevey, Berry	51-56	Ed	53		73-77-78-80-85
B. P.	81	Prescott, Sarah	26	Sor L.	61
C. D.	13-81	Preswood, Mary M.	86	T. J.	49-53-54
Comodore D.	14	Price, Ann	85		55-56-57-66-
Greenberry	86	Archibald	33-67		68-69
John	91	Charmer	61	Thomas	39
Mary S.	51	C. R.	59	Thomas J.	53
Peyton, E. G.	24	Elihu	63	Thomas W.	94
Emily M.	89	Joseph	60-63-81	Wm.	83-94-95-97-98
Laura V.	95	Josephine L.	95		
Phillips, Hayden T.	6	Mrs. Lidy	55	W. M.	82
Philps, Lewis	59	Rachael	59	Wm. M.	27-83-85
Pickett, Wm. R.	81	Selena	36	William M.	33
Pierce, Anderson	36	Susanah	82	Randall, Delia A.	12
Anna A.	99	Walter L.	35	Isaiah S.	63
Appleton	70	Wm.	63	J. L.	41
James M.	10-56	W. G.	94	J. R.	12
James W.	48	Prine, Elihu	20	W. P.	74
J. M.	89	Frances	20	Ransifer, Gilbert	49
Lucy	84	Francis	17	Ratcliff, Emily	46
Nancy	90	Pruitt, M. A.	30	James S.	8
Nancy J.	89				

MARRIAGE RECORDS, COPIAH COUNTY, MISSISSIPPI

INDEX

NAME	PAGE
Ratcliff, Joseph G.	46
Leveny	62
R. B.	62
Van Buren	83
Rawls, Daniel L.	34-49
D. L.	50
Gabriel	88
Mary E.	44
Rea, George	15-24-36-65-69-70-71-72-74-84-86-90
Redus, Martha Grizzella	88
Mary L.	54
Samuel B.	61-76
Reed, Elizabeth	26
Mary	17
Reeves, H. P.	99
Regan, J. H.	75
Reid, C.	31
Columbus	42
J. A.	11
James A.	17
Reison, John	32
Rembert, F. M.	11
Francis	20
J. P.	38-43
Melissa	54
Renfro, Elizabeth	90
James	8
W. M.	90
William	58
Renfrow, Alfred	34-45
Amanda	-77
James M.	95
Nathan	31
Peter	35
Sarah	38-86
Wm.	77
Renno, Anna	65
S.	24-65
Sevinah	24
Stephen	24-71-72
Susan	24
Renow, Rebecca	9
Rentfrow, Nancy	13
Revill, Joseph C.	9

NAME	PAGE
Rials, George F.	76
Jesse	76
Rialls, Sarena	33
Rians, C. R.	54
Rice, C. B. N.	90
Mary A.	76
Richardson, F. M.	12
Richie, B. H.	81
Miss M. M.	81
Right, Sarah	57
Riley, Mary E.	46
Thos. H.	7
Rimes, J. A.	64
J. F.	62
William F.	69
Ritchie, Kesiah	74
Rives, John E.	58
Roane, W. H.	91-97
Roberson, Mary C.	88
Roberts, Alzada	33
Calvit	97
Cherokee	85
Henry	43
James	68
Nancy	57
Raymond	43
Thomas	23
Robertson, Jno. R.	69
John R.	92
Sarah S.	6
W. D.	6
Wm. M.	48
Young	64
Robinson, Frances A.	-67
John J.	28
Mary Jane	16
Rogers, Mrs. A. J.	74
B. F.	47
Mrs. Catherine	17
Exapangus	57
Gilbert	2
Isabella	2
James	38
John P.	24
Lucinda	59
Malissa	85

NAME	PAGE
Rogers, Martha L.	66
Matilda	35
Nancy	49
Simon F.	75
Ross, Mahala	58
Rothrock, E. C.	82
Rowan, Julia A.	65
Miss R. A.	86
Rush, Elbert	7
Rushing, James	3
Reuben	3
Russe, Tallitha W.	33
Russell, Caroline	6
Isaac	71
Sarah J.	66
Thomas M.	58
Rutledge, Joseph	98
Ryal, Arrena	42
Ryan, Ann L.	52
Daniel B.	74-76
Elisabeth	44
Howell	51
Isaac	15-26-52-82
J. I.	44
John	26
John R.	41
Rosa	86
Rymes, A. F.	45
Safford, Elias	24
Sanders, Sarah Ann	94
W. A.	69
W. H.	28-66
Sandifer, Absolom	61
Acalin C.	61
Amanda C.	28
Amanda E.	28-59
Angeline	43
Daniel J.	25
Elisabeth J.	69
E. W.	24
Francis M.	39
H. T.	96
James C.	21
J. C.	21
Jesse	95

MARRIAGE RECORDS, COPIAH COUNTY, MISSISSIPPI

INDEX

NAME	PAGE	NAME	PAGE	NAME	PAGE
Sandifer, John	7-21-24	Shamburger, John W.	-43	Sistrunk, Alley	1
John W.	20	Mary	71	C. J.	22
Joseph	57	Sarah E.	13	F. S.	73
Joshua	3-4-5-12-9-16-21-22- 28	Shaw, James B.	88	G. W.	73
Joshua A.	37	Lucinda	45	Jacob J. B.	73
Josiah	1	Mary Ann	56	John A.	22
Martha Ann	96	Sarah	26	John H.	54
Mary M.	65	Wm.	85	K.	45
Samuel A.	38	William	51	Mrs. Margaret	73
W. N.	28	Shearin, Richard	46	Nancy	9
W. R.	38-61	Sheffield, Daniel E.	-59	Slater, Berry	27
William R.	28	David	57	James	5
Scarborogh, Mary Ann	72	Shelton, Amanda J.	53	Slay, Alexander	69
Scarborough, P. B.	14	Frances A.	87	Elijah	84
Scarbrough, P. R.	36-71	John	15-74	Martha	1
Scott, Cynthia A.	90	Ship, Daniel	43	N. W.	33-38
Eliza A.	69	Shipp, Daniel	44	Slocum, Charles E.	55
Elvira J.	23	Shivers, German A.	23	Louisa C.	84
Harriet	1	Shoemaker, P.	4	Malissa L.	83
J. B.	99	Short, A. J.	90	Smith, Adaline	11
John	58	Clarinda	9	A. M.	91
John L.	39	Elisabeth G.	92	Angeline	29
Joseph B.	93	Sibley, R. A.	41	Ann	56
Martha L.	88	Robert A.	23-36-37-39-43-44-45-46	Asa	11
Milton	90			Bailey	61
Mrs. Rebecca	25			Barney	95
S. J.	12	Siebe, Abraham	27	Bartlett	26
Samuel J.	31	Simmons, Augustus	71	Celia	77
Samuel L. L.	30-62-70-80-90-98	Belfield	79	Charlott	28
		Elizabeth L.	3	Columbia	32
Tabitha D.	47	F. W.	44-74-97	Conoway	49
Thomas M.	48	Geo. W.	92	C. R.	67
Wm. J.	12	James	92	David	57-66
W. L.	90	John H.	91	Denman	91
Screws, Phoebe	8	Leavony	55	Elias	18-39
Scrivner, Andrew J.	33	Lewis	15	Elijah	17-93
Segrist, David C.	86	Mrs. Rebecca	65	Mrs. Elisabeth	70
David T.	56	Samantha	15	Elisabeth Jane	21
Seibe, John H.	44	Thomas	63-79-95	Elizabeth	91
Julia Ann	68	William	2	Elizabeth J.	50
Sellers, J. E.	67	Sims, Jerimiah	69	Mrs. Emily	25
James E.	27-70	Jeremiah J.	77-87	George	46
Mary F.	76			H.	47
Selman, J. H.	41	Lewis A.	42	H. C.	52
Sexton, John C.	54	William	34	Isaac	48
Shamberger, Almeda	33	Singletary, Frances H.	35	Isham	25-31
J. W.	71-76			Isiah H.	33
Shamburger, Arminta	43			Isom A. J.	84

MARRIAGE RECORDS, COPIAH COUNTY, MISSISSIPPI

INDEX

NAME	PAGE	NAME	PAGE	NAME	PAGE
Smith, J. T.	69	Smith, William	48	Starnes, M. D.	15-26-28-29-30-32-41
James	65	William C.	18		
James A.	72-80	William J.	95	Martha M.	15
James C.	45	William M.	28-68	S. S.	5-19-32-52
James F.	5	William R.	1-68	W. C.	45
James H.	41	W. R.	10-14-80	Steele, Abner P.	27
James M.	28-38	Smithhart, E. H.	97	Archibald	19-80
Jerry	1	Thomas	97	A. P.	21
Jesse	37	Smylie, J. B.	3-26	Stephens, George W.	64
Jesse C.	42	Margaret A.	89	Stevens, Mathew	37
J. F.	16	W. M.	32	Stewart, Allen L.	18-19-52
John	2-12-14-31-37	Sojourner, F. W.	59		
John A.	7	Friday W.	37	Elisabeth	16
John R.	48	Martin W.	59	Mary M.	47
Lott	16-29	S. D.	57	William A.	80
Malinda	1	Southern, Altazera	3	Zachariah	90
Margaret	89	James H.	2	Sticker, Solomon D.	10
Marion V.	63	William	27	Stokes, W. T.	12
Martha	2	Speed, Eugenia C.	23	Stone, Cynthia	3
Martha A.	86	Melissa	3	Stovall, W. A.	73
Mrs. Martha	74	W. W.	62	Strahan, Elisabeth	19
Mary	53	Speer, Jesse	34-55	George W.	30
Mary Ann	32	Spell, Elijah	12-27-65	Green H.	41
Mary A. C.	37			G. W.	28
Mary C.	75	Spencer, Ambros	11	Rachel	28
Mary E.	70	John F.	29	Wm.	60-62
Mrs. Mary J.	58	John M. W.	18	William	70
Merril	8	John W.	9	Strawder, John F.	3
Missouri A.	13	Thos. J.	23-60	Stricker, S. D.	74
Nancy	20-47	Stackhouse, Margaret M.	11	Strickland, E. R.	68
Mrs. Nancy	17			Saint Helena	29
Nicholas	1-13	Mary	49	John	68
Pernice	16	Moody	14	Strong, Elizabeth	22
Perry	50	Stagg, James M.	8	Ervin	35
S.	32	Stamps, Amanda M. F.	75	Erwin	64
Samuel D.	66	Stanfill, Isaac N.	36	Henry	17-25-27
Sarah	10-27	J. M.	55	Hester	25
Sarah A.	12-14	Mrs. Martha	69	Isabella	60
Selina	29	Mary A. E.	55	James A.	21
S. D.	47	Matilda J.	55	Jesse	6
S. F.	44	Stanley, Hariet A.	97	John	27-62-73
Stephen	45	Martha	30	John G.	62
Susannah	18	Mercy J.	88	Mary M.	28
Thomas	14-89	Starnes, Emaline	45	Rebecca S.	41
Thomas G.	81	J. H.	94	Thos. G.	22
Thos. H.	76	John H.	19	Thomas G.	17
Thomas J.	31	M. B.	24	Stubbs, Francis	14
Tibatha	39				
Wiley	76				

NAME	PAGE	NAME	PAGE	NAME	PAGE
Stubbs, Martha C.	14	Swofford, Balis W.	26	Terry, MaryAnn	83
Mary T.	24	Sykes, W. C.	97	Sterling	11
Mildred E.	53			Thacker, Jane	6
Sturdevant, John	8-10			Thames, Joseph	66
Sturgis, A. J.	83	Taliaferro, Mary P.	22	William N.	73
Frank 36-43-47-58-74 -88		Richard H.	50	Thedford, Preston -11	
		S. F.	97		
J. A.	28-45	Talley, D. M.	18	Thetford, Elisa-	
James A. 22-28-30-31- 33-35-36-38-42- 46-	43 47	E. N. 27-38-41-53-82		beth A.	58
		Tanksley, Elizabeth	13	Joseph	29
		John	8	Lyda	11
Sullivan, Jackson J.	74	Tanner, B.	7-26	Preston	29-58
James	55	Benjamin	43	Thigpen, Samuel 1 -3-4-5-	12
Mary C.	68	E. W.	30-43		
Patsy	51	Tannerhill, W. L.	84	Thomas, Benjamin -45	
Statia Ann J.	95	Tatum, Edny	38		
William A.	20	James	89	Francis M.	82
Summerall, Elisha	39	John	26	George	30
Elizabeth 41-	49	Mary A.	74	James M.	87
Martha Ann	42	Mrs. Nancy	64	J. R.	67
Sumrall, Allan	35	Taylor, Bonam	21	Margaret	37
Elender	35	E. B. 6-12-16-43-65		Martha Ann	48
E. N.	96	Harriet	49	Mary A.	21
Henry	5	John 21-42-85-	97	Mrs. Permelia -12	
Henry C.	96	Silas	64		
Simeon	97	Theoderick	99	Samuel	82
Sutton, Abraham	10	W. H. 8-33-44-47- 55-	53 64	William	38
Joseph	74			Thompson, A. B.	60
William	7	William	98	Elisabeth L.	90
Swell, Coleman	50	William H.	4-30	James F. 29-93 94-95-96	
Swenney, C. K.	81	Temple, Alfred	9		
Mary M.	30	Elzada	64	James T.	96
Swenny, Barney O.	45	Jesse	46	J. F.	97
Joel P.	50	John 19-20-	48	Martha A. 82- 86	
Swilley, Joseph T.	94	Mary Ann	7		
J. T.	82	Rebecca	8- 9	Mary Ann	52
Reason 43-	44	Samuel	7-31	Mary A. J.	39
Rebecca J.	54	William R.	70	Nancy Jane	50
W. S. 13-38-41-	54	Templeton, J. C.	79	R. M.	90
Swinney, B. A.	6	James	37	Rider M.	91
B. O. 4- 8-7-26-	51	John C.	34	Sallie T.	93
Carolina	13	Thos.	22	W.	64
Chas. R.	31	Terry, Amanda	87	W. C.	97
C. K. 27-73-74-	81	Ann A.	11	Wm. 43-49- 62-66-72- 76-77-80-	50 73 87
Cyrus P.	39	Dabney S.	42		
Joel B.	62	John 61-63-65-66- 67 69-71-73-74-75-76 78-81-83-84-85- 87 88-89-92-93-94-95 97-98-99			
Joel P.	13			W. M.	37
Mrs. Lucinda	68			William T.	26
T. O.	7				

MARRIAGE RECORDS, COPIAH COUNTY, MISSISSIPPI

INDEX

NAME	PAGE
Tillman, Amanda C.	83
F. M.	88
Henry C.	76
H. M.	15
James A.	38-72
J. M.	85
Joel M.	92
L. H.	55-96
M.	92
Malissa A.	85
Ophelia J.	92
Pency	33
Raymond	61
Robert J.	24
Sarah	15
Sarah C. B.	55
Sarah J.	98
Seborn	72
Thomas	57
William B.	57
W. S.	62-71
Timms, Sarah M.	89
Tiner, James	45
Tomlinson, Ann E.	9
John E.	5
Tompkins, Thomas E.	83
Touchstone, Mrs. Eliza Ann	15
Toumbs, A. S.	48
Mrs. Elizabeth	97
James	48
Nancy Ann	17
Tower, Isaac N.	14
Townsend, Azariah	4-6
Delilah	83
Dice Ann	4
Faven	20
John	51
Littleton M.	35
Mary	66
S. M.	34
Tradewell, Daniel	83
Sarah	52
Trawick, Ann	56
Hugh A.	62
Margaret A.	62
Peter D.	56
Traylor, H. W.	32

NAME	PAGE
Traylor, Henry W.	34
Treadwell, Mary A.	68
Nancy	87
Reuben	5
Trim, A. J.	8-10-12
Andrew J.	10
Catherine	65
Lydia M.	60
Martha A.	91
Mary Jane	10
Preston	44
Trimm, Wm. H.	78
Trotter, James M.	70
Tucker, Elisabeth	31
Robert W.	1
Twiner, A. J.	37
Mack	37
Sarah T.	8
Susan	81
Tyler, Allen	22
Amanda	43
Daniel	1-4
Demarus C.	31
Elizabeth M.	50
Joseph A.	36
Miranda	57
Phiby	45
Rebecca Jane	22
Samantha	67
Tenala A.	53
Tynes, J. J.	23
Tyson, Jesse	68
Levi	68
Mary	68
Underwood, Robert	3
John J.	45
Van, Lewis	43
Vance, J. F.	72-73-74
John F.	20-72
Samuel	56
Samuel E.	35
Vardaman, Amanda	30
Gideon S.	27
J.	43

NAME	PAGE
Vardaman, Jeremiah H.	-43
Vademan(r), Wm. E.	12
Varderman, Ann A.	78
Varnadore, Charles	6
Howell	2
Varnedoe, Mrs. Catherine	-34
Vaughn, D. C.	73
W. B.	1-28
Wiley B.	9
Vickers, Benjamin	52
	-97
Elmer	41
Hetty	41
Joseph	37
Littleton	37
Samuel	52
Vining, T.W.H.	25-27-28
Wade, J. C.	10-51
John C.	36-54-57
Mark	51
W. A.	4-5-7-9-11-12-13-16-18
Wadsworth, W.	93
William	78
Wages, Mary A.	14
Wainwright, Pricilla	-44
Walden, Ranson	21
Thomas B.	85
(?) Y. B.	60
Walker, Anna Jane	14
Mrs. Catherine	1
Eliza	4
Henry	14-93
H. R.	82
Jesse	7
Malinda A.	38
Mary Ann	93-97
Palina	58
Samuel	57
S. J. B.	76
W. M.	97
Wallis, Emaline	82

MARRIAGE RECORDS, COPIAH COUNTY, MISSISSIPPI

INDEX

NAME	PAGE	NAME	PAGE	NAME	PAGE
Walters, A.	74	Watson, Mahala	6	Welch, Mrs. Messenia	6
Abraham	41	Maria A.	18	Nancy J.	98
Miss Evan	74	Rebecca	85	Nancy M.	83
Rich	69	Sarah Malinda	29	Mrs. Partheny	60
Ward, Mrs. Catherine	-88	T. C.	5	Thomas G. 71-78-	80
		Thaddeus C.	81	W. W.	98
Hiram	34	William A.	31	William	4
Ware, Lard	82	William H.	54	Wells, Lucius	96
Martha L.	84	Watts, George	78	Susan	7
Sarah	82	John 6-50-52-	81	West, Elenor S.	42
Warley, E. W.	23	John J.	94	H. J.	79
Warner, G. W.	63	Josiah	29	Martin A. 42-	61
George W. 13-	87	Weathersby, John	32	M. A.	55
Henrietta S.	12	John W.	69	Nancy C.	79
Holly F.M.	84	Sarah J.	69	Wev, William	71
Matilda B.	84	William	90	Wheat, Andrew J.	45
Malinda E.	98	Weaver, Abner L.	19	J. J.	78
Ransom	11	Simon B.	87	John	69
T. C.	63	Webb, Mrs. Margaret	99	Thomas J.	51
W. C. 77-	84	W. R.	93	Wheeler, E. R.	24
Warnock, John	58	Weeks, James F.	43	Erastus 9-	63
Martha C.	96	James J.	74	George J.	77
Warren, Archibald J	-68	John C.	23	George W.	96
		John S.	35	Nancy	41
Benajah	34	Lucinda	14	N. W. S.	19
Clara	14	Malinda	24	Thomas H.	67
Jamimah J.	54	Martha	78	Mrs. Virginia A.	97
Richard J.	50	Mrs. Martha A.	34	W. J.	45
Sarah Jane	45	Mary A.	19	Whitaker, A. N.	55
Sarah M.	96	Narcissa	37	Mary A.	18
Stephen	81	Sarah	89	White, Andrew	61
Watkins, W. A.	91	Sarah Ann	35	Benjamin W.	38
Watson, A. C.	62	Telitha	83	D. L. C.	72
Amos	22	W. F.	83	Jeremiah R.	74
Caroline	16	William C.	14	Jonathan M.	82
Drury	18-30	William F.	28	William	16
Edward N.	18-54	Zadock	8	Whitehead, Catherine	93
Emily	98	Weems, Eliza R.	8	Martha	62
G.	79	Welborn, J. W.	47	T. R.	93
Isaiah James	55	Welch, Augustus C.	72	Tillman R.	67
J. J.	98	B. P.	21	Whiterker, Rebecca	46
James 5-12-13-15 18-21-24-25		D. P. 33-64-	76	Whiticer, Isaac	88
		James C.	6	Whittaker, Sarah Ann	34
James D.	82	Jenkins H.	64	Whitten, John A.	48
Jesse	28	Mrs. Mahala	4	Whittington, B. B.	68
John	27	Martha C.	70		-71
John M.	65	Mary Jane	14	J. P.	39
Julia J.	96	Melissa	71	James P. 32-	38

MARRIAGE RECORDS, COPIAH COUNTY, MISSISSIPPI

INDEX

NAME	PAGE
Whittington, Nancy C.	-32
Wiggins, Mrs. Mary E.	- 4
Wilcox, Ephram	32
Wiley, L.	52
S.	50
Wilkes, Judith	3
Wilkins, Dr. J.J.S.	95
John C.	52
Wilkinson, C.	90
Serena	90
Wilks, John D.	16
Williams, Benjamin	27
D. R.	79
Daniel R.	45
Jefferson	88
John	77- 83
Martha L.	73
Mary A.	70
Mary A. T.	81
Matilda Ann	77
Owen A.	97
R. J.	60- 73
Raleigh	67
T. C.	33
W. B. P.	35
Willing, Emily R.	90
W. J.	54
Willis, Abram B.	22
Frances T.	67
Thos. A.	8- 19
Thomas A.	1
Wilson, A. E.	61
Amanda	30
Armanda	13
Arzilla J.	97
Buford S.	72
Miss C. C.	81
Edwin N.	6- 11
Emily A.	22
E. W.	97
George R.	84
George S.	24
Geo. W.	34
H. J.	5- 37
J. E.	48-80
John J.	38-49

NAME	PAGE
Wilson, John P.	86
Lucendy	43
M. C.	66
Malinda	70
Margaret	16
Mary	34
Mary Ann	15
Mary Jane	5
M. S.	92
Nancy J.	94
Samuel	24
Saul	85
Susannah D.	61
Vashti	92
Wiltshire, Ivan M.	92
Wimberly, A. A.	61
Windham, C. J.	9
Calvin J.	42
Charlotte	1
R. G.	72
Stokely M.	72
Wise, J. A.	85
John J.	17
Witham, J. A.	99
John	86-94- 95
Witherspoon, Sarah	14
W. W.	58
Wolfe, Charles E.	83
George H.	28
Robert R.	38
Womack, Angeline G.	7
Benjamin	4
Elender E.	74
Emily R. A.	29
Jacob	17-22
John C.	1
Joseph P.	8
Mary Jane	2
R. B.	74
Rebecca	39
Sarah R.	42
Zilpha	34
Wood, Sarah	12
Woodall, Jesse	68
Woods, Clarissa	66
George W.	22
H. C.	60
Lewis	44

NAME	PAGE
Woods, Lewis P.	66
Wooley, Reason	33
Wooten, Andrew	60
James	67
Jesse	68- 83
Mary	71
Robert	80
William	20- 70
Word, Daniel	60
Worley, Sireny	51
Wright, Amanda	41
John	34- 47
Wroten, Catherine	95
Mahala	43
Matilda	14
Rebecca	10- 23
Sarah	61
Yates, N. B.	55
T. D.	49
Young, Caroline A.	21
Eliza E.	37
F. M.	61
Francis M.	86
John	12
John W.	21
Lavisa	21
M.	58
P. J.	55
Sarah A.	87
Youngblood, H. M.	66-58
Zackery, Martha Ann	25
Robert R.	73
Wiley	25

MARRIAGE RECORDS, COPIAH COUNTY, MISSISSIPPI

www.ingramcontent.com/pod-product-compliance
Lightning Source LLC
Chambersburg PA
CBHW020657300426
44112CB00007B/416